Design-Wettbewerbe

Planen – Teilnehmen – Gewinnen

© 1999 Verlag form GmbH,
Frankfurt am Main
ISBN 3-931317-09-9
Alle Rechte vorbehalten

Gestaltung:
Bettina Hermann
Cool Blue Corporate Design GmbH,
Frankfurt am Main

Lektorat:
Katja Tuschy

Druck:
Graspo,
Zlin, Tschechien

Die Deutsche Bibliothek –
CIP-Einheitsaufnahme
Design-Wettbewerbe:
planen – teilnehmen – gewinnen /
[Helge Aszmoneit]. – Frankfurt am Main:
Verl. Form, 1999
ISBN 3-931317-09-9

Design-Wettbewerbe
Planen – Teilnehmen – Gewinnen

Verlag form

INHALT

EINLEITUNG   6

1   10
INTERNATIONALE WETTBEWERBE   VISUELLE KOMMUNIKATION   FUR STUDENTEN
DEUTSCHE WETTBEWERBE   PRODUKT-/INDUSTRIEDESIGN   FUR UNTERNEHMEN UND DESIGNER

2   64
INTERNATIONALE WETTBEWERBE   VISUELLE KOMMUNIKATION   FUR STUDENTEN
DEUTSCHE WETTBEWERBE   PRODUKT-/INDUSTRIEDESIGN   FUR UNTERNEHMEN UND DESIGNER

3   92
INTERNATIONALE WETTBEWERBE   VISUELLE KOMMUNIKATION   FUR STUDENTEN
DEUTSCHE WETTBEWERBE   PRODUKT-/INDUSTRIEDESIGN   FUR UNTERNEHMEN UND DESIGNER

4   112
INTERNATIONALE WETTBEWERBE   VISUELLE KOMMUNIKATION   FUR STUDENTEN
DEUTSCHE WETTBEWERBE   PRODUKT-/INDUSTRIEDESIGN   FUR UNTERNEHMEN UND DESIGNER

5 — 122
INTERNATIONALE WETTBEWERBE   VISUELLE KOMMUNIKATION   FUR STUDENTEN
DEUTSCHE WETTBEWERBE   PRODUKT-/INDUSTRIEDESIGN   FUR UNTERNEHMEN UND DESIGNER

6 — 140
INTERNATIONALE WETTBEWERBE   VISUELLE KOMMUNIKATION   FUR STUDENTEN
DEUTSCHE WETTBEWERBE   PRODUKT-/INDUSTRIEDESIGN   FUR UNTERNEHMEN UND DESIGNER

7 — 148
INTERNATIONALE WETTBEWERBE   VISUELLE KOMMUNIKATION   FUR STUDENTEN
DEUTSCHE WETTBEWERBE   PRODUKT-/INDUSTRIEDESIGN   FUR UNTERNEHMEN UND DESIGNER

8 — 156
INTERNATIONALE WETTBEWERBE   VISUELLE KOMMUNIKATION   FUR STUDENTEN
DEUTSCHE WETTBEWERBE   PRODUKT-/INDUSTRIEDESIGN   FUR UNTERNEHMEN UND DESIGNER

ANHANG — 158

INDEX — 162

EINLEITUNG

Die Anzahl der in Deutschland und international ausgeschriebenen Design-Wettbewerbe und -Auszeichnungen ist beinahe unüberschaubar. Das Interesse zur Teilnahme an entsprechenden Ausschreibungen wächst insbesondere bei klein- und mittelständischen Unternehmen, aber auch bei Studierenden der Fachrichtung Gestaltung. Es ist immer noch mit hohem zeitlichen Aufwand verbunden, die wichtigen Informationen zusammenzutragen, die zur Entscheidung für oder gegen eine Teilnahme von Bedeutung sind.

Dieses Buch bietet einen ersten Überblick mit den wichtigsten Informationen zu Design-Wettbewerben und -Auszeichnungen, die regelmäßig ausgelobt werden. Es handelt sich dabei um Wettbewerbe in Deutschland sowie um eine Auswahl internationaler Wettbewerbe, die für deutsche Unternehmen, Designer oder Studierende von Interesse sind. Der Schwerpunkt liegt auf Ausschreibungen für den Bereich Produktdesign, Wettbewerbe für Visuelle Kommunikation wurden in einer Auswahl berücksichtigt. Einige Wettbewerbe richten sich sowohl an das Industriedesign wie auch an die Visuelle Kommunikation, oder aber sind offen für Unternehmen, Designer und Studenten. Bei diesen Wettbewerben findet sich in der jeweiligen Kapitelübersicht ein Verweis auf die Seiten des Eintrags. Die Ausschreibungen, die auch die Produktkategorie 'Verpackung' zulassen, sind in den Kapiteln 'Produktdesign' wie auch 'Visuelle Kommunikation' eingetragen, wird dieser Gestaltungsbereich doch klassischerweise immer wieder dem Grafikdesign zugeordnet.

Die aufgeführten Informationen zu den einzelnen Wettbewerben und
Auszeichnungen sind durchgängig den folgenden Kategorien zugeordnet.

Name des Wettbewerbs
Auslober
Veranstalter
Gründungsjahr
Turnus
Ziel
Ausrichtung
Teilnahmebedingungen
Zugelassene Produkte/Produktkategorien
Bewertungskriterien
Anzahl der Auszeichnungen
Auszeichnung/Preisgeld
Preisverleihung
Ausstellung
Katalog
Logo
Weitere PR-Maßnahmen
Termine
Kosten für die Teilnahme
Besonderheiten

Zum besseren Verständnis sind zu einigen dieser Kategorien im folgenden
noch kurze Anmerkungen sinnvoll:

Ausrichtung
Ausrichtung bedeutet in diesem Fall, wieweit der Wettbewerb ausgeschrieben ist, ob er international offen oder national oder gar regional begrenzt ist. Gerade bei den als 'National' oder 'Regional' gekennzeichneten Wettbewerben ist es sinnvoll, sich die Teilnahmebedingungen genauer anzusehen, denn oftmals muß nur der Designer oder das Unternehmen in

einer Region ansässig sein, oder ein Unternehmen in Deutschland oder im Ausland einen Vertriebspartner haben.

Teilnahmebedingungen
Hier sind nur die grundlegenden Teilnahmebedingungen genannt, welche Personengruppen teilnehmen können und welche Voraussetzungen die einzureichenden Produkte erfüllen müssen. Die vollständigen Teilnahmebedingungen einer Ausschreibung berücksichtigen unter anderem auch die rechtlichen Aspekte der Ausschreibung (Urheber- und Nutzungsrechte), die Form der einzureichenden Arbeiten (Foto, Originalprodukt etc.), Kostenübernahme für Anlieferung und Abholung der Produkte zur Jurierung, Rückgabe der eingereichten Arbeiten und Produkte, weitere Verwendung der prämierten Produkte und anderes mehr.

Zugelassene Produkte / Produktkategorien
Die Auflistung gibt bei vielen Wettbewerben eine erste Orientierung, welche Produkte eingereicht werden können. Viele Ausschreibungsunterlagen geben zu diesem Punkt noch differenziertere Angaben.

Anzahl der Auszeichnungen
Einige Wettbewerbe haben die Anzahl der auszuzeichnenden Produkte begrenzt, andere nehmen hier keine Limitierung vor. Soweit zu ermitteln, ist insbesondere bei Wettbewerben mit nichtlimitierten Prämierungen die Anzahl der Auszeichnungen aus dem letzten Wettbewerb angegeben sowie die Anzahl der eingereichten Produkte.

Auszeichnung / Preisgeld
Hier wird die Form der Auszeichnung genannt. Sofern ein Preisgeld zur Verfügung steht, ist auch die Verteilung der Preissumme angegeben.

Preisverleihung / Ausstellung / Katalog / Logo / Weitere PR-Maßnahmen
Mit den Informationen aus diesen Kategorien erhält man eine Vorstellung, in welchem Umfang der Wettbewerb selbst beziehungsweise die Ergebnisse der Ausschreibung kommuniziert werden. Insbesondere die

Existenz eines Logos zum Wettbewerb beinhaltet in der Regel auch die Möglichkeit, mit diesem direkt auf seinen Produkten zu werben beziehungsweise es in der Unternehmenskommunikation zu verwenden.

Termine
Die Erfahrung zeigt, daß nur wenige Wettbewerbe und Auszeichnungen über Jahre hinweg eine gleichbleibende Terminierung einhalten können. Änderungen im zeitlichen Ablauf einer Ausschreibung sind möglich. Die genannten Termine sind als Orientierung gedacht. Zu beachten ist hier auch, daß einige Wettbewerbe eine Nachmeldefrist anbieten. Anmeldungen in dieser Zeit sind in der Regel mit höheren Kosten verbunden.

Kosten für die Teilnahme
Hier sind zunächst nur die Teilnahme- beziehungsweise Anmeldegebühren genannt und – sofern in den Ausschreibungsunterlagen erwähnt – weitere anfallende Kosten für die ausgezeichneten Unternehmen oder Designer (z. B. für den Katalog, die Ausstellung oder den Internetauftritt). Dazu muß angemerkt werden, daß die teilnehmenden Unternehmen, Designer oder Studierenden auch die Kosten für die Anlieferung beziehungsweise Abholung des Produktes übernehmen müssen, ebenso wie Kosten für zu erstellende Fotos, Dokumentationen oder andere Präsentationsformen. Je nach Produkt kann die Teilnahme an einem Design-Wettbewerb mit einem erheblichen finanziellen Aufwand verbunden sein.

DEUTSCHE WETTBEWERBE

PRODUKT-/INDUSTRIEDESIGN

FÜR UNTERNEHMEN UND DESIGNER

1

INTERNATIONALE WETTBEWERBE   VISUELLE KOMMUNIKATION   FUR STUDENTEN
DEUTSCHE WETTBEWERBE   PRODUKT-/INDUSTRIEDESIGN   FUR UNTERNEHMEN UND DESIGNER

Bundespreis Produktdesign 12/13
Busse Longlife Design Award 14/15
Design Innovationen 16/17
Design Plus Ambiente 18/19
Design Plus Paperworld 20/21
Design Plus Sanitär Heizung Klima 22/23
Designer bewerten Design 24/25
Designpreis Brandenburg 26/27
Designpreis des Landes Nordrhein-Westfalen 28–33
→ Ehrenpreis für Produktdesign 28/29
→ Ehrenpreis für Corporate Design und Design-Management 30/31
→ Studienpreis für Designkonzepte 32/33
→ Juniorpreis für Produktdesign 32/33
Designpreis Mecklenburg-Vorpommern 34/35
Designpreis Rheinland-Pfalz Produktdesign 36/37
Design-Preis Schleswig-Holstein 38/39
Deutscher Verpackungsdesign-Wettbewerb 40/41
Deutscher Verpackungswettbewerb 42/43
iF Ecology Design Award 44/45
iF Exhibition Design Award 46/47
iF Product Design Award 48/49
Internationaler Designpreis Baden-Württemberg 50/51
Landesprämierung Hamburg 52/53
Marianne Brandt - Preis für Design des Landes Sachsen-Anhalt 54/55
Produkte des Jahres 56/57
Saarländischer Staatspreis Produktdesign 58/59
Sächsischer Staatspreis für Design 60/61
Thüringer Preis für Produktdesign 62/63

NAME DES WETTBEWERBS	**Bundespreis Produktdesign**
AUSLOBER	Bundesminister für Wirtschaft
VERANSTALTER	Rat für Formgebung / German Design Council Postfach 15 03 11 D-60063 Frankfurt am Main Tel +49 (0) 69 74 79 19 Fax +49 (0) 69 7 41 09 11 e-mail german-design-council@ipf.de URL www.euro-design-guide.de/bundespreis
GRÜNDUNGSJAHR	1969 (bis 1984 u. d. T. Bundespreis „Gute Form")
TURNUS	Alle zwei Jahre (letzte Vergabe: 1998)
ZIEL	Der Bundespreis Produktdesign wurde vom Bundesminister für Wirtschaft als offizieller Designpreis der Bundesrepublik Deutschland gestiftet. Mit dem Bundespreis Produktdesign werden Serienerzeugnisse ausgezeichnet, die sich unter Gesichtspunkten der Gebrauchstauglichkeit, der Umweltverträglichkeit, der Sicherheit und der Ästhetik als Spitzenleistungen industrieller Produktgestaltung ausweisen. Der Bundespreis Produktdesign ist eine zentrale Maßnahme der Design- und Wirtschaftsförderung der Bundesrepublik Deutschland.
AUSRICHTUNG	National
TEILNAHMEBEDINGUNGEN	Am Wettbewerb können ausschließlich Produkte teilnehmen, die von den Wirtschaftsministern/-senatoren der Länder für den Bundespreis Produktdesign nominiert werden. Jedes Bundesland kann maximal 12 am Markt eingeführte Serienprodukte benennen, die in den dem Preis vorangegangenen zwei Jahren bereits eine Design-Auszeichnung erhalten haben bzw. auf der Grundlage einer Jurorenentscheidung, die qualitativ einer Prämierung entspricht, ausgewählt wurden.
ZUGELASSENE PRODUKTE / PRODUKTKATEGORIEN	Serienerzeugnisse aller Produktkategorien ohne thematische Einschränkung
BEWERTUNGSKRITERIEN	Gestaltungsqualität Gebrauchswert Technische Qualitäten Gesamtkonzept

ANZAHL DER AUSZEICHNUNGEN	Maximal 12 Produkte für den „Bundespreis Produktdesign" und bis zu 12 weitere Produkte für Anerkennungen 1998: 4 Auszeichnungen und 10 Anerkennungen bei 145 Nominierungen
AUSZEICHNUNG / PREISGELD	Ehrenpreis; Auszeichnung durch Urkunde
PREISVERLEIHUNG	Ja, im Rahmen der Internationalen Frankfurter Messe Tendence
AUSSTELLUNG	Ja, Wanderausstellung im In- und Ausland
KATALOG	Ja, mit CD-ROM
LOGO	Ja
WEITERE PR-MASSNAHMEN	Presse- und Öffentlichkeitsarbeit durch den Veranstalter; Präsentation der ausgezeichneten Produkte im Internet
TERMINE	Nominierungen: Herbst Preisverleihung: August des Folgejahres
KOSTEN FÜR DIE TEILNAHME	Bearbeitungsgebühr DM 180,– pro eingereichtes Produkt (zzgl. MwSt.). Bei Prämierung wird ein Kostenbeitrag von DM 5.000,– für Serviceleistungen (Katalog, Ausstellung, Internet-Auftritt, Pressearbeit etc.) erhoben.
BESONDERHEITEN	Unternehmen oder Designer können ihre Produkte nicht selbst anmelden.

INTERNATIONALE WETTBEWERBE • VISUELLE KOMMUNIKATION • FÜR STUDENTEN
DEUTSCHE WETTBEWERBE • PRODUKT- / INDUSTRIEDESIGN • FÜR UNTERNEHMEN UND DESIGNER

NAME DES WETTBEWERBS	**Busse Longlife Design Award**
AUSLOBER	Prof. Rido Busse busse design ulm gmbh
VERANSTALTER	busse design ulm gmbh Nersinger Straße 18 D-89275 Ulm Tel +49 (0) 7308 81 80 Fax +49 (0) 7308 8 18 99 e-mail bdu@busse-design-ulm.de URL www.busse-design-ulm.de
GRÜNDUNGSJAHR	1977
TURNUS	Alle drei Jahre (letzte Vergabe: 1996)
ZIEL	Dieser Preis wurde von busse design ulm gestiftet, um der Öffentlichkeit zu zeigen, daß es Produkte gibt, die sehr lange ihren Wert und ihre Marktgültigkeit behalten. Darüber hinaus soll erkennbar werden, daß viele Unternehmer und Designer nicht daran interessiert sind, durch die Erzeugung von modischen Produkten ein künstliches Altern zu erzeugen.
AUSRICHTUNG	International
TEILNAHMEBEDINGUNGEN	Die eingereichten Produkte müssen folgende Bedingungen erfüllen: Sie müssen seit 8 Jahren auf dem Markt sein und noch immer produziert werden. Sie dürfen nicht älter als 40 Jahre sein. Sie müssen in einer Stückzahl von 100 000 verkauft oder aber einen Herstellerumsatz von mindestens 2 Mio. Mark (einschließlich Mehrwertsteuer) erzielt haben. Sie müssen qualitativ hochwertig in technischer Funktion, Ergonomie und Ästhetik sein.
ZUGELASSENE PRODUKTE/ PRODUKTKATEGORIEN	Alle Produktbereiche
BEWERTUNGSKRITERIEN	Marktpräsenz in Jahren Anzahl der bisher produzierten Produkte Umsatz in Millionen DM Fertigungsqualität Technische Funktion Ergonomie Designidee Produktästhetik Zwischenzeitliche Änderungen (Farbe, Fertigungsqualität, technische Funktion, Gestalt, Handhabung)

ANZAHL DER AUSZEICHNUNGEN	3 Preise und 7 Auszeichnungen 1996: 72 Einreichungen
AUSZEICHNUNG / PREISGELD	Ehrenpreis; Auszeichnung durch Medaille und Urkunde 1. Preis Goldmedaille 2. Preis Silbermedaille 3. Preis Bronzemedaille
PREISVERLEIHUNG	Ja
AUSSTELLUNG	Ja
KATALOG	Nein
LOGO	Ja
WEITERE PR-MASSNAHMEN	Presse- und Öffentlichkeitsarbeit durch den Veranstalter
TERMINE	Ausschreibung: Sommer Anmeldeschluß: Oktober Preisverleihung: November
KOSTEN FÜR DIE TEILNAHME	Keine

INTERNATIONALE WETTBEWERBE   VISUELLE KOMMUNIKATION   FÜR STUDENTEN
DEUTSCHE WETTBEWERBE   PRODUKT- / INDUSTRIEDESIGN   FÜR UNTERNEHMEN UND DESIGNER

1

NAME DES WETTBEWERBS	**Design Innovationen**
AUSLOBER	Design Zentrum Nordrhein Westfalen
VERANSTALTER	Design Zentrum Nordrhein Westfalen Gelsenkirchener Straße 181 D-45309 Essen Tel +49 (0)201 30 10 40 Fax +49 (0)201 30 10 440 e-mail dz_info@compuserve.com URL www.design-germany.de
GRÜNDUNGSJAHR	1954
TURNUS	Jährlich
ZIEL	Auszeichnung aktueller Produkte mit dem Siegel „Roter Punkt" für „Hohe" und „Höchste Designqualität" als Qualitätssiegel für Produktdesign. Der Wettbewerb ist Bestandteil der Wirtschaftsförderung durch Design des Design Zentrums Nordrhein Westfalen.
AUSRICHTUNG	International
TEILNAHMEBEDINGUNGEN	Jeder Hersteller und Designer ist zur Teilnahme eingeladen, vorausgesetzt seine Produkte werden in einem industriellen Fertigungsprozeß hergestellt und wurden in den letzten zwei Jahren auf dem Markt präsentiert. Handwerklich gefertigte Unikate sind von der Teilnahme ausgeschlossen.
ZUGELASSENE PRODUKTE / PRODUKTKATEGORIEN	Wohnen und Schlafen Haushalt, Küche, Bad Freizeit, Hobby, Sport Gesundheit, Medizin und Hilfsmittel für Behinderte Büro und Verwaltung, Handel und Banken Industrie und Handwerk, Transport und Verkehr Kommunikation, Medien und Unterhaltungselektronik Brillen, Uhren, Schmuck und Accessoires
BEWERTUNGSKRITERIEN	Innovationsgrad Funktionalität Formale Qualität Ergonomie Langlebigkeit Symbolischer und emotionaler Gehalt Produktperipherie Selbsterklärungsqualität Ökologische Verträglichkeit

ANZAHL DER AUSZEICHNUNGEN	Nicht limitiert 1999: 251 Auszeichnungen bei 1368 Einreichungen
AUSZEICHNUNG / PREISGELD	Ehrenpreis; Auszeichnung durch Urkunde
PREISVERLEIHUNG	Ja
AUSSTELLUNG	Ja, Internationale Design Ausstellung (IDA) als ständige Ausstellung im Design Zentrum Nordrhein Westfalen
KATALOG	Ja
LOGO	Ja
WEITERE PR-MASSNAHMEN	Präsentation der Preisträger im Internet; Presse- und Öffentlichkeitsarbeit durch den Veranstalter; Mappe mit Kommunikationsmaterial für Unternehmen und Designer
TERMINE	Ausschreibung: Herbst Anmeldeschluß: Dezember (plus Nachmeldefrist) Preisverleihung: Sommer
KOSTEN FÜR DIE TEILNAHME	Anmeldungs- und Jurierungsgebühr DM 270,- (inkl. MwSt.). Jahrbucheintrag (bei Auszeichnung verbindlich) je nach Umfang von 1/3 Seite bis 2/1 Seite DM 1.190,- bis DM 3.300,- (zzgl. MwSt.). Ausstellungsgebühr (bis zu 1 qm Fläche und 1 Seite im Internet für 1 Jahr) DM 1.600,- (zzgl. MwSt.), jeder weitere qm DM 950,-.

NAME DES WETTBEWERBS	**DESIGN PLUS AMBIENTE**
AUSLOBER	Initiative Form und Leben Träger der Initiative sind: Messe Frankfurt GmbH Rat für Formgebung, Frankfurt am Main Deutscher Industrie- und Handelstag DIHT, Bonn
VERANSTALTER	Messe Frankfurt GmbH Ludwig-Erhard-Anlage 1 D-60327 Frankfurt am Main Tel +49 (0) 69 75 75 65 67 Fax +49 (0) 69 75 75 66 08
GRÜNDUNGSJAHR	1983
TURNUS	Jährlich
ZIEL	Um Produkten, die gestalterisch neue Wege gehen oder neue Konzepte aufzeigen, eine größere Öffentlichkeit zu verschaffen, hat die Messe Frankfurt den Wettbewerb ins Leben gerufen.
AUSRICHTUNG	International
TEILNAHMEBEDINGUNGEN	Zur Teilnahme am Wettbewerb sind alle Aussteller der Internationalen Frankfurter Messe Ambiente berechtigt. Zum Wettbewerb sind ausschließlich Produkte aus dem Konsumgüterbereich Ambiente zugelassen, die zum Zeitpunkt der Messe (unter Berücksichtigung von Test- und ähnlichen Märkten) noch nicht länger als zwei Jahre auf dem Markt sind.
ZUGELASSENE PRODUKTE / PRODUKTKATEGORIEN	Alle Produkte aus dem Konsumgüterbereich der Internationalen Frankfurter Messe Ambiente.
BEWERTUNGSKRITERIEN	Gestaltungsqualität Gebrauchswert Technische Qualität Ökologische Qualität Gesamtkonzeption

ANZAHL DER AUSZEICHNUNGEN	Nicht limitiert 1999: 32 Auszeichnungen bei 714 Einreichungen
AUSZEICHNUNG / PREISGELD	Ehrenpreis; Auszeichnung durch Urkunde
PREISVERLEIHUNG	Ja, im Rahmen der Internationalen Frankfurter Messe Ambiente
AUSSTELLUNG	Ja, während der Internationalen Frankfurter Messe Ambiente
KATALOG	Ja
LOGO	Ja
WEITERE PR-MASSNAHMEN	Presse- und Öffentlichkeitsarbeit durch den Veranstalter; die „Design Plus-Ausstellung" wird auch auf anderen Messen und Veranstaltungen im In- und Ausland gezeigt.
TERMINE	Ausschreibung: Sommer Anmeldeschluß: Herbst Preisverleihung: Februar des Folgejahres
KOSTEN FÜR DIE TEILNAHME	Teilnahmegebühr DM 270,– unabhängig von der Anzahl der eingesandten Produkte. Bei Auszeichnung wird für den Eintrag im Katalog ein Kostenzuschuß von DM 400,– pro Produkt bzw. Produktserie erhoben.

INTERNATIONALE WETTBEWERBE　　VISUELLE KOMMUNIKATION　　FÜR STUDENTEN
DEUTSCHE WETTBEWERBE　PRODUKT- / INDUSTRIEDESIGN　FÜR UNTERNEHMEN UND DESIGNER

①

NAME DES WETTBEWERBS	**DESIGN PLUS PAPERWORLD**
AUSLOBER	Initiative Form und Leben Träger der Initiative sind: Messe Frankfurt GmbH Rat für Formgebung, Frankfurt am Main Deutscher Industrie- und Handelstag DIHT, Bonn
VERANSTALTER	Messe Frankfurt GmbH Ludwig-Erhard-Anlage 1 D-60327 Frankfurt am Main Tel +49 (0) 69 75 75 65 67 Fax +49 (0) 69 75 75 66 08
GRÜNDUNGSJAHR	1991 (mit der Teilung der Internationalen Frankfurter Messe Frühjahr wurde auch der Wettbewerb geteilt, Design Plus selbst wurde 1983 gegründet)
TURNUS	Jährlich
ZIEL	Um Produkten, die gestalterisch neue Wege gehen oder neue Konzepte aufzeigen, eine größere Öffentlichkeit zu verschaffen, hat die Messe Frankfurt den Wettbewerb ins Leben gerufen.
AUSRICHTUNG	International
TEILNAHMEBEDINGUNGEN	Zur Teilnahme am Wettbewerb sind alle Aussteller der Internationalen Frankfurter Messe Paperworld berechtigt. Zum Wettbewerb sind ausschließlich Produkte aus dem Konsumgüterbereich Paperworld zugelassen, die zum Zeitpunkt der Messe (unter Berücksichtigung von Test- und ähnlichen Märkten) noch nicht länger als zwei Jahre auf dem Markt sind.
ZUGELASSENE PRODUKTE / PRODUKTKATEGORIEN	Alle Produkte aus dem Konsumgüterbereich der Internationalen Frankfurter Messe Paperworld
BEWERTUNGSKRITERIEN	Gestaltungsqualität Gebrauchswert Technische Qualität Ökologische Qualität Gesamtkonzeption

ANZAHL DER AUSZEICHNUNGEN	Nicht limitiert 1999: 7 Auszeichnungen bei 220 Einreichungen
AUSZEICHNUNG / PREISGELD	Ehrenpreis; Auszeichnung durch Urkunde
PREISVERLEIHUNG	Ja, im Rahmen der Internationalen Frankfurter Messe Ambiente
AUSSTELLUNG	Ja, während der Internationalen Frankfurter Messe Ambiente
KATALOG	Ja
LOGO	Ja
WEITERE PR-MASSNAHMEN	Presse- und Öffentlichkeitsarbeit durch den Veranstalter; die „Design Plus-Ausstellung" wird auch auf anderen Messen und Veranstaltungen im In- und Ausland gezeigt.
TERMINE	Ausschreibung: Sommer Anmeldeschluß: Herbst Preisverleihung: Januar des Folgejahres
KOSTEN FÜR DIE TEILNAHME	Teilnahmegebühr DM 270,– unabhängig von der Anzahl der eingesandten Produkte. Bei Auszeichnung wird für den Eintrag im Katalog ein Kostenzuschuß von DM 400,– pro Produkt bzw. Produktserie erhoben.

NAME DES WETTBEWERBS	**Design Plus · Sanitär Heizung Klima**
AUSLOBER	Messe Frankfurt GmbH
VERANSTALTER	Messe Frankfurt GmbH Ludwig-Erhard-Anlage 1 D-60327 Frankfurt am Main Tel +49 (0) 69 75 75 61 53 Fax +49 (0) 69 75 75 66 12
GRÜNDUNGSJAHR	1995
TURNUS	Alle zwei Jahre (letzte Vergabe: 1999)
ZIEL	Um Produkten aus dem Bereich Sanitär, Heizung, Klima, die gestalterisch neue Wege gehen, eine größere Öffentlichkeit zu verschaffen, hat die Messe Frankfurt den Wettbewerb ins Leben gerufen.
AUSRICHTUNG	International
TEILNAHMEBEDINGUNGEN	Zur Teilnahme am Wettbewerb sind alle Aussteller der ISH Internationale Leitmesse für Haus- und Gebäudetechnik berechtigt. Zum Wettbewerb sind ausschließlich Produkte zugelassen, die zum Zeitpunkt der Messe (unter Berücksichtigung von Test- und ähnlichen Märkten) noch nicht länger als zwei Jahre auf dem Markt sind.
ZUGELASSENE PRODUKTE / PRODUKTKATEGORIEN	Alle Produkte aus den Bereichen Sanitär, Heizung, Klima
BEWERTUNGSKRITERIEN	Gestaltungsqualität Gebrauchswert Technische Qualität Ökologische Qualität Gesamtkonzeption

ANZAHL DER AUSZEICHNUNGEN	Nicht limitiert 1999: 32 Auszeichnungen bei 230 Einreichungen
AUSZEICHNUNG / PREISGELD	Ehrenpreis; Auszeichnung durch Urkunde
PREISVERLEIHUNG	Ja
AUSSTELLUNG	Ja, im Rahmen einer Sonderschau während der Messe ISH in Frankfurt
KATALOG	Ja
LOGO	Ja
WEITERE PR-MASSNAHMEN	Presse- und Öffentlichkeitsarbeit durch den Veranstalter
TERMINE	Ausschreibung: Sommer/Herbst Anmeldeschluß: Dezember Preisverleihung: März
KOSTEN FÜR DIE TEILNAHME	Pro eingereichtem Objekt wird eine Teilnahmegebühr von DM 190,– (zzgl. MwSt.) berechnet.

NAME DES WETTBEWERBS	**Designer bewerten Design**
AUSLOBER	Deutscher Designer Club e.V. DDC
VERANSTALTER	Deutscher Designer Club e.V. DDC Schloß Harkotten D-48336 Sassenberg Tel +49 (0) 5426 9 49 20 Fax +49 (0) 5426 94 92 39
GRÜNDUNGSJAHR	1990
TURNUS	Jährlich
ZIEL	Seit 1999 wird die Auszeichnung 'Designer bewerten Design' mit einem neuen Konzept durchgeführt. Ziel ist es, herausragende Arbeiten auszuzeichnen, die die integrierte Kommunikation und Vernetzung sämtlicher Designbereiche präsentieren.
AUSRICHTUNG	National
TEILNAHMEBEDINGUNGEN	Teilnehmen können Unternehmen, Designer und Studierende mit Arbeiten und Produkten, die im Vorjahr der Ausschreibung aktuell in der Bundesrepublik Deutschland erdacht und gemacht wurden oder zu sehen und zu kaufen waren.
ZUGELASSENE PRODUKTE / PRODUKTKATEGORIEN	Sämtliche Kategorien aus den Bereichen Produktdesign und Visuelle Kommunikation
BEWERTUNGSKRITERIEN	Die herausragende Qualität vernetzter Design- und Kommunikationsaufgaben

ANZAHL DER AUSZEICHNUNGEN	Nicht limitiert; die Anzahl der Auszeichnungen ist abhängig von der Qualität der Einsendungen
AUSZEICHNUNG / PREISGELD	Ehrenpreis; Auszeichnungen gibt es in Gold, Silber, Bronze sowie weitere Anerkennungen und Sonderauszeichnungen
PREISVERLEIHUNG	Ja
AUSSTELLUNG	Nein
KATALOG	Ja
LOGO	Ja
WEITERE PR-MASSNAHMEN	Presse- und Öffentlichkeitsarbeit durch den Veranstalter
TERMINE	Ausschreibung: Frühjahr Anmeldeschluß: Juni Preisverleihung: Herbst
KOSTEN FÜR DIE TEILNAHME	50 EURO pro Teilnehmer

NAME DES WETTBEWERBS	**Designpreis Brandenburg**
AUSLOBER	Ministerium für Wirtschaft, Mittelstand und Technologie des Landes Brandenburg
VERANSTALTER	Designinitiative Brandenburg-Berlin e.V. Institut an der Fachhochschule Potsdam Pappelallee 8-9 D-14469 Potsdam Tel +49 (0) 331 5 80 14 36 Fax +49 (0) 331 5 80 14 99 URL www.design.fh-potsdam.de/FB4/Designinitiative/D-Initiative_Inhalt.html
GRÜNDUNGSJAHR	1995
TURNUS	Alle zwei Jahre (letzte Vergabe: 1997)
ZIEL	Der Wettbewerb wird als wirtschaftsfördernde Maßnahme für das Land Brandenburg verstanden. Zweck der Verleihung eines solchen Preises ist es, die Bedeutung gutgestalteter Produkte und Dienstleistungen und innovative, überzeugende und gutkommunizierte Unternehmensstrategien, bei der Design eine Schlüsselrolle spielt, als wesentliche Elemente für den Markterfolg von Unternehmen öffentlich zu unterstreichen, Unternehmen zum gezielten Einsatz von Design zu motivieren und den erfolgreichen Einsatz von Design durch die Preisvergabe zu honorieren.
AUSRICHTUNG	Regional
TEILNAHMEBEDINGUNGEN	Um den Preis können sich Unternehmen und Designer/Design-Büros bewerben. Voraussetzungen für die Teilnahme am Wettbewerb sind: – Das Konzept, das Produkt oder die Dienstleistung müssen als Ergebnis der Zusammenarbeit eines Unternehmens mit Sitz in Brandenburg mit einem Designer/Design-Büro, welcher/s auch außerhalb Brandenburgs ansässig sein kann, entstanden sein. – Das Konzept, das Produkt oder die Dienstleistung müssen als Ergebnis der Zusammenarbeit eines Designers/Design-Büros mit Sitz in Brandenburg mit einem Unternehmen, welches auch außerhalb Brandenburgs ansässig sein kann, entstanden sein. – Das Konzept, das Produkt oder die Dienstleistung müssen von einem Unternehmen, einem Designer, einer Designerin oder einem Design-Büro mit Sitz in Brandenburg erarbeitet sein.

	– Ausgezeichnet werden können kleine und mittlere Unternehmen (d.h. mit nicht mehr als 250 Beschäftigten und mit maximal 40 Mio. DM Jahresumsatz). – Das Konzept, das Produkt oder die Dienstleistung müssen zum Zeitpunkt der Bewerbung auf dem deutschen/internationalen Markt angeboten werden. – Die Markteinführung darf nicht länger als drei Jahre zurückliegen.
ZUGELASSENE PRODUKTE / PRODUKTKATEGORIEN	Gutgestaltete, innovative Produktkonzepte oder Dienstleistungen, wie auch die Unternehmenskultur, in die diese Produkte eingebettet sind
BEWERTUNGSKRITERIEN	Innovative Gestaltungsidee Hohe Gestaltungsqualität Hoher Gebrauchswert Originalität Vorbildliche Gesamtkonzeption Ökologische Problemlösung Technisch/technologische und innovative Qualitäten Ergonomische Anpassung Soziale Verträglichkeit Konzeptionelle Geschlossenheit
ANZAHL DER AUSZEICHNUNGEN	Maximal drei Auszeichnungen, zusätzlich können zwei Anerkennungen ausgesprochen werden 1997: 3 Preise und 2 Anerkennungen (bei 47 Einreichungen)
AUSZEICHNUNG / PREISGELD	Ehrenpreis; Auszeichnung durch Urkunde
PREISVERLEIHUNG	Ja
AUSSTELLUNG	Ja, mit allen eingereichten Arbeiten
KATALOG	Ja, mit allen eingereichten Arbeiten
LOGO	Ja
WEITERE PR-MASSNAHMEN	Presse- und Öffentlichkeitsarbeit durch den Veranstalter; Präsentation der Preisträger im Internet
TERMINE	Ausschreibung: April Anmeldeschluß: Juli Preisverleihung: Oktober
KOSTEN FÜR DIE TEILNAHME	Keine

INTERNATIONALE WETTBEWERBE · VISUELLE KOMMUNIKATION · FÜR STUDENTEN
DEUTSCHE WETTBEWERBE · PRODUKT- / INDUSTRIEDESIGN · FÜR UNTERNEHMEN UND DESIGNER

NAME DES WETTBEWERBS	**Designpreis des Landes Nordrhein-Westfalen Ehrenpreis für Produktdesign**
	Mit dem Ehrenpreis für Produktdesign werden Erzeugnisse ausgezeichnet, deren Design von einer zuverlässigen Funktion bis hin zur visuellen Erscheinung überragend und auch beispielhaft ist und die damit der industriellen und wirtschaftlichen Entwicklung neue Impulse geben.
AUSLOBER	Der Minister für Wirtschaft und Mittelstand, Technologie und Verkehr des Landes Nordrhein-Westfalen
VERANSTALTER	Design Zentrum Nordrhein Westfalen Gelsenkirchener Str. 181 D-45309 Essen Tel +49 (0) 201 30 10 40 Fax +49 (0) 201 3 01 04 40 e-mail dz_info@compuserve.com URL www.design-germany.de
GRÜNDUNGSJAHR	1987
TURNUS	Alle zwei Jahre (letzte Vergabe: 1997)
ZIEL	Der Preis wurde mit dem Ziel ins Leben gerufen, in der Wirtschaftspolitik des Landes Nordrhein-Westfalen einen wichtigen Akzent auf die Designförderung zu setzen und diese mit entsprechender Kontinuität zu betreiben. Die nordrhein-westfälische Landesregierung verfolgt mit dem Wettbewerb um den Designpreis das Ziel, die Aufmerksamkeit und das Bewußtsein für die immer wichtiger werdende Bedeutung von Design als Faktor der Produktqualität bei Herstellern und Verbrauchern zu fördern.
AUSRICHTUNG	Regional
ANMERKUNG	Die Verleihung des Designpreises erfolgt in vier unterschiedlichen Bereichen jeweils als Ehrenpreis für Produktdesign, als Ehrenpreis für Corporate Design und Design-Management (S. 30) sowie als Studienpreis für Designkonzepte (S. 32). 1999 wird erstmals der Juniorpreis für Produktdesign vergeben (S. 32).
TEILNAHMEBEDINGUNGEN	Teilnahmeberechtigt sind Industrieprodukte von Unternehmen mit Stammsitz in Nordrhein-Westfalen, die hier Erzeugnisse entwickeln und gestalten oder

fertigen. Darüber hinaus können Produkte von Unternehmen, deren Stammsitz außerhalb des Landes liegt, eingereicht werden, sofern diese in Nordrhein-Westfalen entwickelt und gestaltet oder gefertigt wurden. Die Markteinführung darf frühestens etwa 1½ Jahre vor Ausschreibung des Wettbewerbs erfolgt sein.

ZUGELASSENE PRODUKTE / PRODUKTKATEGORIEN	Computer, Informations- und Telekommunikationssysteme Elektronik und Elektrotechnik Büroausstattung, -einrichtung und -bedarf Unterhaltungselektronik Public Design, Transport und Verkehr Maschinen, Komponenten- und Anlagentechnik Werkzeuge, Betriebs- und Werkstattausrüstung Heizung, Lüftung, Sanitär Möbel, Bau- und Raumausstattung Leuchten und Lampen Werbemittel und Geschenkartikel Medizinische Geräte Foto-/optische Geräte Freizeit, Hobby, Spiel und Sport Haushalt und Küche Sonstige
BEWERTUNGSKRITERIEN	Bewertet werden die funktionale, ästhetische und semantische Gesamtqualität eines Produktes, die auf Innovation im Bereich von Konstruktion, Gestaltung, Material oder Fertigungstechnik basiert. Zentrale Kriterien sind: Innovationspotential Gestaltungsqualität Gebrauchswert Umweltverträglichkeit Ergonomie Stimulation Impulsgebung
ANZAHL DER AUSZEICHNUNGEN	Maximal 20 Auszeichnungen 1997: 20 Auszeichnungen bei 442 Einreichungen
AUSZEICHNUNG / PREISGELD	Ehrenpreis; Auszeichnung durch Urkunde
PREISVERLEIHUNG	Ja
AUSSTELLUNG	Ja
KATALOG	Ja
LOGO	Nein
WEITERE PR-MASSNAHMEN	Presse- und Öffentlichkeitsarbeit durch den Veranstalter
TERMINE	Ausschreibung: Frühjahr Anmeldeschluß: Juni Preisverleihung: November
KOSTEN FÜR DIE TEILNAHME	Keine

INTERNATIONALE WETTBEWERBE   VISUELLE KOMMUNIKATION   FÜR STUDENTEN
DEUTSCHE WETTBEWERBE   PRODUKT- / INDUSTRIEDESIGN   FÜR UNTERNEHMEN UND DESIGNER

①

NAME DES WETTBEWERBS	**Designpreis des Landes Nordrhein-Westfalen Ehrenpreis für Corporate Design und Design-Management** Mit dem Ehrenpreis für Corporate Design und Design-Management wird die Gesamtleistung eines Unternehmens bei der Konzeption, Planung und Verwirklichung von Design in allen relevanten Bereichen gewürdigt. Eine solche und auf lange Sicht herausragende und erfolgreiche Dienstleistung setzt qualifiziertes Management voraus.
AUSLOBER	Der Minister für Wirtschaft und Mittelstand, Technologie und Verkehr des Landes Nordrhein-Westfalen
VERANSTALTER	Design Zentrum Nordrhein Westfalen Gelsenkirchener Str. 181 D-45309 Essen Tel +49 (0) 201 30 10 40 Fax +49 (0) 201 3 01 04 40 e-mail dz_info@compuserve.com URL www.design-germany.de
GRÜNDUNGSJAHR	1987
TURNUS	Alle zwei Jahre (letzte Vergabe: 1997)
ZIEL	Der Preis wurde mit dem Ziel ins Leben gerufen, in der Wirtschaftspolitik des Landes Nordrhein-Westfalen einen wichtigen Akzent auf die Designförderung zu setzen und diese mit entsprechender Kontinuität zu betreiben. Die nordrhein-westfälische Landesregierung verfolgt mit dem Wettbewerb um den Designpreis das Ziel, die Aufmerksamkeit und das Bewußtsein für die immer wichtiger werdende Bedeutung von Design als Faktor der Produktqualität bei Herstellern und Verbrauchern zu fördern.
AUSRICHTUNG	Regional
TEILNAHMEBEDINGUNGEN	Beteiligen können sich Industrie- und Dienstleistungsunternehmen, die ihren Stammsitz in Nordrhein-Westfalen haben.
ZUGELASSENE PRODUKTE / PRODUKTKATEGORIEN	Unternehmen bewerben sich mit einer Dokumentation ihrer Leistung im Bereich Design-Management, die folgende Inhalte umfassen soll: Daten und Fakten über das Unternehmen Grundsätze der Design- und Produktkonzeption

	Rolle des Design innerhalb der Produktentwicklung Aktuelle Produkte der Dienstleistungen Aktuelle Kommunikationsmittel (Prospekt, Mediawerbung, Geschäftsausstattung, Publikationen usw.) Darüber hinaus können weitere Leistungen eines Unternehmens wie Bauten, Messestände, Veranstaltungen dokumentiert werden.
BEWERTUNGSKRITERIEN	Gestaltung des Erscheinungsbildes Bedeutung und Verankerung des Design-Managements im Unternehmen Anspruch und Eigenständigkeit der Designleistung Durchgängigkeit des Leistungsniveaus in den verschiedenen Gestaltungsbereichen Entwicklungsfähigkeit der Designkonzeption Relevanz der Dienstleistung innerhalb der Entwicklung der Industriekultur
ANZAHL DER AUSZEICHNUNGEN	1997: 11 Einreichungen
AUSZEICHNUNG / PREISGELD	Ehrenpreis; Auszeichnung durch Urkunde
PREISVERLEIHUNG	Ja
AUSSTELLUNG	Ja
KATALOG	Ja
LOGO	Nein
WEITERE PR-MASSNAHMEN	Presse- und Öffentlichkeitsarbeit durch den Veranstalter
TERMINE	Ausschreibung: Frühjahr Anmeldeschluß: Juni Preisverleihung: November
KOSTEN FÜR DIE TEILNAHME	Keine

INTERNATIONALE WETTBEWERBE · VISUELLE KOMMUNIKATION · FÜR STUDENTEN
DEUTSCHE WETTBEWERBE · PRODUKT-/INDUSTRIEDESIGN · FÜR UNTERNEHMEN UND DESIGNER

①

NAME DES WETTBEWERBS	**Designpreis des Landes Nordrhein-Westfalen Studienpreis für Designkonzepte**
	Mit dem Studienpreis soll ein innovatives Designprojekt gefördert werden, das sich bezüglich seiner Konzeption und Zielsetzung in neuartigen Problemfeldern bewegt und einen sinnvollen Einsatz von neuen Technologien herausfordert.
AUSLOBER	Der Minister für Wirtschaft und Mittelstand, Technologie und Verkehr des Landes Nordrhein-Westfalen
VERANSTALTER	Design Zentrum Nordrhein Westfalen Gelsenkirchener Str. 181 D-45309 Essen Tel +49 (0) 201 30 10 40 Fax +49 (0) 201 3 01 04 40 e-mail dz_info@compuserve.com URL www.design-germany.de
GRÜNDUNGSJAHR	1987
TURNUS	Alle zwei Jahre (letzte Vergabe: 1997)
ZIEL	Der Preis wurde mit dem Ziel ins Leben gerufen, in der Wirtschaftspolitik des Landes Nordrhein-Westfalen einen wichtigen Akzent auf die Designförderung zu setzen und diese mit entsprechender Kontinuität zu betreiben. Die nordrhein-westfälische Landesregierung verfolgt mit dem Wettbewerb um den Designpreis das Ziel, die Aufmerksamkeit und das Bewußtsein für die immer wichtiger werdende Bedeutung von Design als Faktor der Produktqualität bei Herstellern und Verbrauchern zu fördern.
AUSRICHTUNG	Regional
TEILNAHMEBEDINGUNGEN	Um den Studienpreis können sich alle freiberuflichen oder angestellten Designer und Designteams bewerben, die in Nordrhein-Westfalen ansässig oder tätig sind.
ZUGELASSENE PRODUKTE / PRODUKTKATEGORIEN	Einreichung eines Konzeptes zu einem Thema, das in der Ausschreibung vom Minister für Wirtschaft und Mittelstand, Technologie und Verkehr des Landes Nordrhein-Westfalen und dem Design Zentrum Nordrhein Westfalen gestellt wird. Die Aufgabe ist nicht auf eine spezielle Produktgruppe begrenzt.

	Thema 1997: „Design als Innovations- und Kommunikationsfaktor für Medien, Technologie und Umwelt"
BEWERTUNGSKRITERIEN	Das Konzept sollte über zukunftsweisende, visionäre Elemente verfügen. Die Realisierbarkeit des Konzeptes soll vorstellbar sein. Der Entwurf kann aber wahrscheinliche technische Entwicklungen vorwegnehmen.
	Das Konzept soll: – auf den Strukturwandel von Wirtschaft und Industrie in Nordrhein-Westfalen eingehen – wirtschaftlich und gesellschaftlich relevant sein – den sinnvollen Einsatz von neuen Technologien, Kommunikations- und Informationssystemen integrieren oder herausfordern – Impulse für künftige Entwicklungen geben
ANZAHL DER AUSZEICHNUNGEN	1 1997: 23 Einreichungen
AUSZEICHNUNG / PREISGELD	Der Studienpreis ist mit DM 40.000,– dotiert.
PREISVERLEIHUNG	Ja
AUSSTELLUNG	Ja
KATALOG	Ja
LOGO	Nein
WEITERE PR-MASSNAHMEN	Presse- und Öffentlichkeitsarbeit durch den Veranstalter
TERMINE	Ausschreibung: Frühjahr Anmeldeschluß: Juni Preisverleihung: November
KOSTEN FÜR DIE TEILNAHME	Keine

NAME DES WETTBEWERBS	**Designpreis des Landes Nordrhein-Westfalen Juniorpreis für Produktdesign** Dieser Preis für Diplom- und Abschlußarbeiten wird im Rahmen dieses Wettbewerbs 1999 erstmals vergeben und soll die Umsetzung eines innovativen Designkonzeptes fördern. Die Informationen zu diesem Wettbewerb erreichten uns erst nach Redaktionsschluß. Für weitere Informationen wenden Sie sich bitte an das Design Zentrum Nordrhein Westfalen.

INTERNATIONALE WETTBEWERBE · VISUELLE KOMMUNIKATION · FÜR STUDENTEN
DEUTSCHE WETTBEWERBE · PRODUKT- / INDUSTRIEDESIGN · FÜR UNTERNEHMEN UND DESIGNER

①

NAME DES WETTBEWERBS	**Designpreis Mecklenburg-Vorpommern**
AUSLOBER	Wirtschaftsministerium Mecklenburg-Vorpommern
VERANSTALTER	Wirtschaftsministerium Mecklenburg-Vorpommern Johannes-Stelling-Straße 14 D-19053 Schwerin Tel +49 (0) 385 58 80 Fax +49 (0) 385 5 88 58 61
GRÜNDUNGSJAHR	1992
TURNUS	Alle zwei Jahre (letzte Vergabe: 1998)
ZIEL	Die Verleihung des Designpreises Mecklenburg-Vorpommern ist Bestandteil der Designförderung durch den Wirtschaftsminister. Mit der Vergabe werden hervorragende und für die Wirtschaft beispielgebende Gestaltungsleistungen von Produkten und Erzeugnissen des Kommunikationsdesigns gewürdigt. Gleichzeitig wird auf die fördernde Bedeutung des Marktfaktors Design aufmerksam gemacht.
AUSRICHTUNG	Regional
TEILNAHMEBEDINGUNGEN	Teilnahmeberechtigt sind sowohl Unternehmen als auch Designer mit Sitz in Mecklenburg-Vorpommern. Das Design muß die Gesamtqualität des Erzeugnisses maßgeblich mitbestimmen. Das Produkt bzw. das Erzeugnis muß nach dem 25. Oktober des Vorvorjahres auf den Markt gelangt sein. Die Produkte bzw. Erzeugnisse müssen zum Zeitpunkt der Einreichung auf dem deutschen bzw. europäischen Markt angeboten werden. Zugelassen werden Produkte bzw. Erzeugnisse, die von einem Designer aus Mecklenburg-Vorpommern für ein Unternehmen in oder außerhalb Mecklenburg-Vorpommerns vertraglich gestaltet wurden oder die von einem außerhalb Mecklenburg-Vorpommerns ansässigen Designer im Auftrag eines Unternehmens mit Sitz in Mecklenburg-Vorpommern gestaltet wurden.
ZUGELASSENE PRODUKTE / PRODUKTKATEGORIEN	Industrie- und Umweltdesign Kommunikationsdesign Textil- und Schmuckdesign
BEWERTUNGSKRITERIEN	Industrie- und Umweltdesign: Innovative Designidee Ästhetische Qualität Funktionalität und Bedienbarkeit

Technologische und materialgerechte Umsetzung
Präsentation des Exponats

Kommunikationsdesign:
Originalität
Konzeptionelle Geschlossenheit
Eigenständigkeit
Reproduzierbarkeit
Präsentation des Exponats

Textil- und Schmuckdesign:
Ästhetische Qualität
Materialgerechte Verarbeitung
Gestalterische Eigenständigkeit
Präsentation des Exponats

ANZAHL DER AUSZEICHNUNGEN
Es können maximal 3 Preise (1., 2. und 3. Preis) vergeben werden sowie eine nichtfestgelegte Anzahl von weiteren Anerkennungen.

AUSZEICHNUNG / PREISGELD
Preisgeld insgesamt: DM 40.000,–
Die Preisgelder für Preise und Anerkennungen gehen zu je 50 % an Designer und Auftraggeber.

PREISVERLEIHUNG
Ja, durch den Wirtschaftsminister des Landes Mecklenburg-Vorpommern

AUSSTELLUNG Ja
KATALOG Ja
LOGO Ja
WEITERE PR-MASSNAHMEN Presse- und Öffentlichkeitsarbeit durch den Veranstalter

TERMINE
Ausschreibung: Winter bzw. Frühjahr des Folgejahres
Anmeldeschluß: Mai
Preisverleihung: September

KOSTEN FÜR DIE TEILNAHME Keine

INTERNATIONALE WETTBEWERBE	VISUELLE KOMMUNIKATION	FÜR STUDENTEN
DEUTSCHE WETTBEWERBE	PRODUKT-/INDUSTRIEDESIGN	FÜR UNTERNEHMEN UND DESIGNER

①

NAME DES WETTBEWERBS	**Designpreis Rheinland-Pfalz** **Produktdesign**
AUSLOBER	Der Minister für Wirtschaft, Verkehr, Landwirtschaft und Weinbau des Landes Rheinland-Pfalz
VERANSTALTER	Ministerium für Wirtschaft, Verkehr, Landwirtschaft und Weinbau des Landes Rheinland-Pfalz Referat 8402 Stiftstraße 9 D-55116 Mainz Tel +49 (0) 6131 16 26 58 Fax +49 (0) 6131 16 40 33
GRÜNDUNGSJAHR	1994
TURNUS	Alle zwei Jahre im Wechsel mit dem Preis für Kommunikationsdesign (letzte Vergabe: 1997)
ZIEL	Ausgezeichnet werden hervorragend gestaltete Serienprodukte der Industrie und des Handwerks. Die Auszeichnung würdigt herausragende Designleistungen und soll das Bewußtsein für beispielhaftes Design stärken sowie die Leistungsfähigkeit der rheinland-pfälzischen Unternehmen und Designer in ihrer ganzen Breite dokumentieren. Der Designpreis Rheinland-Pfalz ist auch eine mittelstandspolitische Maßnahme der Wirtschaftsförderung.
AUSRICHTUNG	Regional
TEILNAHMEBEDINGUNGEN	Der Wettbewerb richtet sich an Designer und Designerinnen, Designbüros sowie Unternehmen, wobei der Auftragnehmer oder der Auftraggeber in Rheinland-Pfalz ansässig sein muß. Zugelassen sind alle im Markt eingeführten Serienprodukte, die nicht länger als drei Jahre im Handel sind.
ZUGELASSENE PRODUKTE / PRODUKTKATEGORIEN	Büro Wohnen Haushalt Lichttechnik Gebäudetechnik Industrie Verkehrstechnik Medizin Freizeit Public Design Sonstiges

BEWERTUNGSKRITERIEN	Gestaltungsqualität Innovative Qualität Ergonomie Sicherheit Verarbeitung und Materialwahl Umweltverträglichkeit Lebensdauer
ANZAHL DER AUSZEICHNUNGEN	Maximal 6 Auszeichnungen für den Produktdesignpreis Rheinland-Pfalz Der Jury ist freigestellt, welche Anzahl an zusätzlichen Auszeichnungen in Form einer Anerkennung vergeben wird. Sonderauszeichnung: Im Rahmen des Wettbewerbs wird ein Sonderpreis für funktionsgerechtes Design für behinderte Menschen vergeben. 1997: 3 Preisträger und 12 Anerkennungen bei 97 Einreichungen
AUSZEICHNUNG / PREISGELD	Ehrenpreis; Auszeichnung durch Urkunde
PREISVERLEIHUNG	Ja, durch den Minister für Wirtschaft, Verkehr, Landwirtschaft und Weinbau des Landes Rheinland-Pfalz
AUSSTELLUNG	Ja
KATALOG	Ja
LOGO	Ja
WEITERE PR-MASSNAHMEN	Presse- und Öffentlichkeitsarbeit durch den Veranstalter
TERMINE	Ausschreibung: Frühjahr Einsendeschluß: August Preisverleihung: Ende November / Anfang Dezember
KOSTEN FÜR DIE TEILNAHME	Für jede Produkteinreichung wird ein Kostenbeitrag von DM 50,– erhoben; Kostenbeteiligung der Preisträger am Katalog.
BESONDERHEIT	Zweistufiges Auswahlverfahren: Vorauswahl anhand von Fotos und Produktbeschreibung, Endauswahl anhand der Originalprodukte.

NAME DES WETTBEWERBS	**Design-Preis Schleswig-Holstein**
AUSLOBER	Design-Initiative Nord e.V. Schirmherrschaft: Der Minister für Wirtschaft, Technologie und Verkehr des Landes Schleswig-Holstein
VERANSTALTER	Design-Initiative Nord e.V. c/o Industrie- und Handelskammer zu Kiel Lorentzendamm 24 D-24103 Kiel Tel +49 (0) 431 5 19 40 Fax +49 (0) 431 5 19 42 34 e-mail wanger@design-initiative.de URL www.design-initiative.de
GRÜNDUNGSJAHR	1994
TURNUS	Alle zwei Jahre (letzte Vergabe: 1999)
ZIEL	Die Verleihung des Design-Preises Schleswig-Holstein sowie des Design-Förderpreises Schleswig-Holstein sind ein Teil der satzungsgemäßen Aufgaben der Design-Initiative Nord e.V. als Design-Förderinstitution im Lande Schleswig-Holstein.
AUSRICHTUNG	Regional
TEILNAHMEBEDINGUNGEN	Teilnahmeberechtigt sind Unternehmen und Designerinnen/Designer und Designbüros aus dem Lande Schleswig-Holstein. Der Sitz des Unternehmens oder eine Niederlassung muß im Lande Schleswig-Holstein liegen; dabei kann der Wohnsitz der Designerin/des Designers beliebig sein. Der Wohnsitz der Designerin/des Designers muß in Schleswig-Holstein sein; dabei kann der Sitz des Unternehmens oder seine Niederlassung beliebig sein. Die Produkte müssen zum Zeitpunkt der Bewerbung auf dem nationalen oder auf dem internationalen Markt eingeführt sein. Der Zeitpunkt der Markteinführung sollte nicht länger als vier Jahre zurückliegen. Das Design muß die Produktqualität entscheidend prägen.
ZUGELASSENE PRODUKTE / PRODUKTKATEGORIEN	Serienprodukte aller Produktkategorien
BEWERTUNGSKRITERIEN	Ist das Design innovativ? Erhöht das Design die Brauchbarkeit des Produktes? Verbessert das Design die Anmut des Produktes? Macht das Design das Produkt verständlich? Ist das Design unaufdringlich?

	Verbessert das Design die Langlebigkeit des Produktes? Ist das Design konsequent bis ins Detail? Hat die Designerin/der Designer auf die Auswahl ressourcenschonender Materialien geachtet? Ist durch das Design eine umweltfreundliche Rückführung in den Wertstoffkreislauf zu erreichen?
ANZAHL DER AUSZEICHNUNGEN	Bis zu 12 Serienerzeugnisse 1999: 8 Preise und 1 Anerkennung bei 34 Einreichungen
AUSZEICHNUNG/PREISGELD	Ehrenpreis; Auszeichnung durch Urkunde
PREISVERLEIHUNG	Ja
AUSSTELLUNG	Ja
KATALOG	Ja
LOGO	Ja
WEITERE PR-MASSNAHMEN	Presse- und Öffentlichkeitsarbeit durch den Veranstalter
TERMINE	Ausschreibung: Sommer Anmeldeschluß: Oktober Preisverleihung: Frühjahr des Folgejahres
KOSTEN FÜR DIE TEILNAHME	Für jedes eingereichte Produkt ist ein Kostenanteil für die Bearbeitung in Höhe von DM 150,– zu zahlen.

INTERNATIONALE WETTBEWERBE   VISUELLE KOMMUNIKATION   FÜR STUDENTEN
DEUTSCHE WETTBEWERBE   PRODUKT- / INDUSTRIEDESIGN   FÜR UNTERNEHMEN UND DESIGNER

1

NAME DES WETTBEWERBS	**Deutscher Verpackungsdesign-Wettbewerb**
AUSLOBER	Deutsches Verpackungsinstitut e. V.
VERANSTALTER	Deutsches Verpackungsinstitut e. V. Gustav-Meyer-Allee 25 D-13355 Berlin Tel +49 (0) 30 46 30 74 01 Fax +49 (0) 30 46 30 74 00 e-mail info@verpackung.org URL www.verpackung.org
GRÜNDUNGSJAHR	1999
TURNUS	Jährlich
ZIEL	Der Deutsche Verpackungsdesign-Wettbewerb hat sich zur Aufgabe gemacht, Verpackungsdesign zu fördern und auszuzeichnen, das einerseits in seiner ästhetischen Dimension beispielhaft ist, andererseits seinen Aufgaben und seiner Verantwortung in unserer modernen Gesellschaft gerecht wird. Der Deutsche Verpackungsdesign-Wettbewerb wird im Rahmen des Deutschen Verpackungswettbewerbs ausgerichtet.
AUSRICHTUNG	International
TEILNAHMEBEDINGUNGEN	Teilnahmeberechtigt sind Hersteller, Verwender und Gestalter von Verpackungsmitteln und Verpackungen jeglicher Art, die produktionsreif fertiggestellt oder schon auf dem Markt sind. Zusätzlich sind Verpackungsentwicklungen und kreative Ideen zugelassen, die nur als Prototypen oder Entwürfe vorliegen und auf dem Markt zum Zeitpunkt der Ausschreibung noch nicht eingeführt sind. Ihre Bewertung erfolgt in der Kategorie Prototypen. An dieser Kategorie können auch Schüler, Auszubildende, Studenten teilnehmen. Der Wettbewerb richtet sich neben den klassischen Zielgruppen des Deutschen Verpackungswettbewerbs speziell an Designer, Grafikdesigner, Teams und Agenturen, die im Bereich Verpackungsdesign tätig sind.
ZUGELASSENE PRODUKTE / PRODUKTKATEGORIEN	Verpackungen aus Glas oder Metall Verpackungen aus Papier, Karton, Pappe oder Wellpappe Verpackungen aus Kunststoff Etiketten, Siegel, Umschläge u. ä. Displays, Promotionartikel und -verpackungen Prototypen

BEWERTUNGSKRITERIEN	Innovationsgrad Formale Ästhetik Verständlichkeit und Funktionalität Symbolischer und emotionaler Gehalt Gebrauchsfähigkeit und Handhabbarkeit Prägnanz
ANZAHL DER AUSZEICHNUNGEN	Zwei unterschiedliche Auszeichnungen: Prämierung für vorbildliches Design (die beste Arbeit in einer Kategorie) Prämierung für ausgezeichnetes Design (die bemerkenswertesten Arbeiten)
AUSZEICHNUNG / PREISGELD	Ehrenpreis; Auszeichnung durch Urkunde und Trophäe
PREISVERLEIHUNG	Ja, auf der Interpack OE99
AUSSTELLUNG	Ja
KATALOG	Nein
WEITERE PR-MASSNAHMEN	Presse- und Öffentlichkeitsarbeit durch den Veranstalter; Präsentation der prämierten Produkte im Internet
TERMINE	Ausschreibung: Januar Anmeldeschluß: April Preisverleihung: Mai
KOSTEN FÜR DIE TEILNAHME	DM 250,– pro eingereichtem Produkt oder Verpakkungsfamilie DM 200,– für Mitglieder des Deutschen Verpackungsinstituts DM 50,– für Schüler, Auszubildende und Studierende

NAME DES WETTBEWERBS	**Deutscher Verpackungswettbewerb**
AUSLOBER	Deutsches Verpackungsinstitut e.V.
VERANSTALTER	Deutsches Verpackungsinstitut e.V. Gustav-Meyer-Allee 25 D-13355 Berlin Tel +49 (0) 30 46 30 74 01 Fax +49 (0) 30 46 30 74 00 e-mail info@verpackung.org URL www.verpackung.org
GRÜNDUNGSJAHR	1963
TURNUS	Jährlich
ZIEL	Auszeichnung von Verpackungslösungen unter den Gesichtspunkten Innovationsgrad, Verpackungsleistung, Wirtschaftlichkeit und Umweltverträglichkeit.
AUSRICHTUNG	International
TEILNAHMEBEDINGUNGEN	Teilnahmeberechtigt sind Hersteller, Verwender und Gestalter von Packstoffen, Packmitteln und Packhilfsmitteln, von Einzel-, Sammel- und Displayverpackungen sowie Hersteller von Verpackungsmaschinen aller Art, die produktionsreif fertiggestellt oder schon auf dem Markt sind. Zusätzlich sind Verpackungsentwicklungen und kreative Ideen zugelassen, die nur als Prototypen oder Entwürfe vorliegen und zum Zeitpunkt der Ausschreibung noch nicht auf dem Markt eingeführt sind. Ihre Bewertung erfolgt separat. Ausgeschlossen sind Verpackungen, die an vorangegangenen Verpackungswettbewerben bereits teilgenommen haben, es sei denn, daß wesentliche Änderungen vorgenommen wurden. Einsenden können Gestalter, Hersteller, Verwender (auch Schüler, Auszubildende, Studenten mit ihren Arbeiten in der Kategorie „Prototypen").
ZUGELASSENE PRODUKTE / PRODUKTKATEGORIEN	Verkaufsverpackungen Transportverpackungen Displayverpackungen Maschinenkonzepte Prototypen
BEWERTUNGSKRITERIEN	Nicht näher spezifiziert

ANZAHL DER AUSZEICHNUNGEN	Nicht limitiert 1998: 28 Auszeichnungen bei 217 Einreichungen
AUSZEICHNUNG / PREISGELD	Ehrenpreis; Auszeichnung durch Urkunde und Trophäe
PREISVERLEIHUNG	Ja
AUSSTELLUNG	Ja, während der Messe Fachpack
KATALOG	Nein
LOGO	Ja
WEITERE PR-MASSNAHMEN	Presse- und Öffentlichkeitsarbeit durch den Veranstalter; Präsentation der prämierten Produkte im Internet
TERMINE	Ausschreibung: Januar Anmeldeschluß: April Preisverleihung: Mai
KOSTEN FÜR DIE TEILNAHME	DM 750,– für die erste Anmeldung DM 500,– für jede weitere Anmeldung Für Mitglieder des Deutschen Verpackungsinstituts gilt eine reduzierte Gebühr. DM 50,– für die Anmeldung von Schülern, Auszubildenden und Studenten

INTERNATIONALE WETTBEWERBE · VISUELLE KOMMUNIKATION · FÜR STUDENTEN
DEUTSCHE WETTBEWERBE · PRODUKT- / INDUSTRIEDESIGN · FÜR UNTERNEHMEN UND DESIGNER

①

NAME DES WETTBEWERBS	**iF Ecology Design Award**
AUSLOBER	iF Industrie Forum Design Hannover und Niedersächsische Lottostiftung
VERANSTALTER	iF Industrie Forum Design Hannover Messegelände D-30521 Hannover Tel +49 (0) 511 8 93 24 03 Fax +49 (0) 511 8 93 24 07 e-mail ifdesign@t-online.de URL www.ifdesign.de
GRÜNDUNGSJAHR	1997
TURNUS	Jährlich
ZIEL	Der iF Ecology Design Award betont besonders die ökologischen Aspekte im Zusammenhang mit dem Produktdesign. Diese Auszeichnung unterstreicht, daß Produkte umweltgerecht gefertigt, vermarktet, gebraucht und entsorgt werden.
AUSRICHTUNG	International
TEILNAHMEBEDINGUNGEN	Zur Teilnahme berechtigt sind Hersteller und Designer von industriell gefertigten Serienprodukten. Die eingereichten Produkte sollten möglichst nicht länger als drei Jahre auf dem Markt sein. Außerdem können Studien und Konzepte eingereicht werden, die unmittelbar vor der seriellen Realisierung stehen.
ZUGELASSENE PRODUKTE / PRODUKTKATEGORIEN	Büro Wohnen Haushalt Lichttechnik Gebäudetechnik Industrie Verkehrstechnik Medizin Freizeit Mode- und Textildesign Verpackungen Public Design Visionen
BEWERTUNGSKRITERIEN	Optimierung von: Materialauswahl Materialeffizienz Ressourcen- und Energieeffizienz

	Nutzungseffizienz eingesetzter Technologien Recyclingfähigkeit Langlebigkeit Reparaturen Wartungsfreundlichkeit Funktion (technisch, semantisch, ergonomisch, ästhetisch, sicherheitstechnisch) Preis in Relation zu Ressourceneinsatz und Marktsättigung Nutzungsstrategien Infrastrukturen Neuheits-/Innovationsgrad Einflußgrad auf Ver-/Gebrauchsverhalten
ANZAHL DER AUSZEICHNUNGEN	Nicht limitiert 1999: 20 Auszeichnungen (bei 110 Einreichungen)
AUSZEICHNUNG / PREISGELD	Die drei besten Beiträge erhalten die Sonderauszeichnung „TOP 3" aus dem ausgezeichneten Gesamtprogramm mit einem Preisgeld von: 1. Preis: 30.000,– DM 2. Preis: 20.000,– DM 3. Preis: 10.000,– DM Die Aufteilung des Preisgeldes erfolgt zu je 50% an Designer und Unternehmer. Mit einer weiteren Sonderauszeichnung werden die „Best of Category" hervorgehoben.
PREISVERLEIHUNG	Ja, am Eröffnungstag der CeBIT Messe in Hannover (März)
AUSSTELLUNG	Ja, als Dauerausstellung während aller Fachmessen in Hannover
KATALOG	Ja
LOGO	Ja
WEITERE PR-MASSNAHMEN	Presse- und Öffentlichkeitsarbeit durch den Veranstalter; Umfangreiches Werbemittelangebot für die Preisträger; Präsentation der Preisträger im Internet
TERMINE	Ausschreibung: Frühjahr Anmeldeschluß: August (plus Nachmeldefrist) Preisverleihung: März des Folgejahres (zur CeBIT)
KOSTEN FÜR DIE TEILNAHME	Anmeldegebühren für Vorauswahl: DM 150,– (zzgl. MwSt.) Organisationspauschale für Jurierung: DM 150,– bis DM 350,– (zzgl. MwSt.) (je nachdem, ob Selbstaufbau durch Unternehmen oder durch iF) Ausstellungsgebühren: DM 1600,– bis DM 3000,– (zzgl. MwSt.) (je nach Größe der Präsentation, diese Gebühr ist bei Auszeichnung eines Produktes verbindlich) Eintrag in das iF Jahrbuch: DM 1500,– DM (zzgl. MwSt.) (diese Gebühr ist bei Auszeichnung eines Produktes verbindlich)
BESONDERHEITEN	Zweistufiges Auswahlverfahren: Vorauswahl anhand von Fotos und Produktbeschreibung, Endauswahl anhand der Originalprodukte.

INTERNATIONALE WETTBEWERBE	VISUELLE KOMMUNIKATION · FÜR STUDENTEN
DEUTSCHE WETTBEWERBE	PRODUKT- / INDUSTRIEDESIGN · FÜR UNTERNEHMEN UND DESIGNER

①

NAME DES WETTBEWERBS	**iF Exhibition Design Award**
AUSLOBER	iF Industrie Forum Design Hannover
VERANSTALTER	iF Industrie Forum Design Hannover Messegelände D-30521 Hannover Tel +49 (0) 511 8 93 24 03 Fax +49 (0) 511 8 93 24 07 e-mail ifdesign@t-online.de URL www.ifdesign.de
GRÜNDUNGSJAHR	1997
TURNUS	Bis zu zweimal jährlich
ZIEL	Messeauftritte, die mit ganzheitlichen Konzeptionen und kreativen Ideen auf sich aufmerksam machen – von der Standarchitektur und zielgruppengerechten Ansprache über die Produktinszenierung – schaffen wichtige Voraussetzungen für den Gesamterfolg einer Messeteilnahme. Der iF Exhibition Design Award ist eine Referenz an Aussteller und Messestandgestalter, bedeutet Public Relations für ausgezeichnete Unternehmen und soll gleichzeitig beispielhaften Charakter für die Organisation erfolgreicher Messepräsentationen haben.
AUSRICHTUNG	International
ANMERKUNG	Der iF Exhibition Design Award wird immer im Zusammenhang mit einer Messe ausgeschrieben. Für 1999 sind dies die EUROSHOP in Düsseldorf (Februar) und die IAA in Frankfurt (September). Die folgenden Angaben zum Wettbewerb basieren auf der Grundlage der Ausschreibungen zu den genannten Messen.
TEILNAHMEBEDINGUNGEN	Zur Teilnahme berechtigt sind alle Aussteller der Messe, für die der Wettbewerb ausgeschrieben ist, sowie Designer, Messestandgestalter und Realisierungsunternehmen.
ZUGELASSENE PRODUKTE / PRODUKTKATEGORIEN	Vollständiger Messeauftritt eines Unternehmens
BEWERTUNGSKRITERIEN	Gestaltung Funktionalität Ressourceneinsatz Da der Gesamtauftritt eines Unternehmens auf der Messe bewertet wird, sind die drei Bewertungskategorien in den Ausschreibungsunterlagen detailliert spezifiziert.

	Weiterhin wird die Standgröße in die Bewertung einbezogen und erfolgt in den drei Kategorien: A: bis 100 m², B: 101 bis 500 m², C: über 500 m².
ANZAHL DER AUSZEICHNUNGEN	Nicht limitiert 1998: 16 Auszeichnungen bei 20 Einreichungen (Möbelmesse Köln)
AUSZEICHNUNG / PREISGELD	Ehrenpreis; Auszeichnung durch Urkunde Pro Kategorie werden die TOP 3 Auszeichnungen vergeben (Gold, Silber, Bronze)
PREISVERLEIHUNG	Ja, auf der jeweiligen Messe, für die der Wettbewerb ausgelobt war
AUSSTELLUNG	Ja, die Messestände auf der Messe
KATALOG	Ja
LOGO	Ja
WEITERE PR-MASSNAHMEN	Presse- und Öffentlichkeitsarbeit durch den Veranstalter; Umfangreiches Werbemittelangebot für die Preisträger; Präsentation der Preisträger im Internet
TERMINE	Die Terminierung dieses Wettbewerbs richtet sich immer nach dem Zeitpunkt, zu dem die jeweilige Messe stattfindet. Beispiel iF Exhibition Design Award IAA 1999 Ausschreibung: Winter Anmeldeschluß: März des Folgejahres Preisverleihung: September
KOSTEN FÜR DIE TEILNAHME	Die Teilnahmegebühren variieren bei den einzelnen Ausschreibungen. Beispiel iF Exhibition Design Award EUROSHOP 1999 Messestand bis 50 m² DM 1.100,– Messestand 51 bis 200 m² DM 2.100,– Messestand über 200 m² DM 2.900,– alle zzgl. MwSt. Beispiel iF Exhibition Design Award IAA 1999 Messestand bis 100 m² DM 1.750,– Messestand 101 bis 500 m² DM 2.500,– Messestand über 500 m² DM 3.300,– alle zzgl. MwSt.

INTERNATIONALE WETTBEWERBE VISUELLE KOMMUNIKATION FÜR STUDENTEN
DEUTSCHE WETTBEWERBE PRODUKT- / INDUSTRIEDESIGN FÜR UNTERNEHMEN UND DESIGNER

①

NAME DES WETTBEWERBS	**iF Product Design Award**
AUSLOBER	iF Industrie Forum Design Hannover
VERANSTALTER	iF Industrie Forum Design Hannover Messegelände D-30521 Hannover Tel +49 (0) 511 8 93 24 03 Fax +49 (0) 511 8 93 24 07 e-mail ifdesign@t-online.de URL www.ifdesign.de
GRÜNDUNGSJAHR	1953
TURNUS	Jährlich
ZIEL	Auszeichnung für exzellentes Produktdesign
AUSRICHTUNG	International
TEILNAHMEBEDINGUNGEN	Zur Teilnahme berechtigt sind Hersteller und Designer von industriell gefertigten Serienprodukten. Die eingereichten Produkte sollten möglichst nicht länger als drei Jahre auf dem Markt sein. Außerdem können Studien und Konzepte eingereicht werden, die unmittelbar vor der seriellen Realisierung stehen.
ZUGELASSE PRODUKTE / PRODUKTKATEGORIEN	Büro Wohnen Haushalt Lichttechnik Gebäudetechnik Industrie Verkehrstechnik Medizin Freizeit Public Design
BEWERTUNGSKRITERIEN	Gestaltungsqualität Verarbeitung und Materialwahl Innovationsgrad Funktionalität Gebrauchsvisualisierung Ergonomie Sicherheit Umweltverträglichkeit Lebensdauer

ANZAHL DER AUSZEICHNUNGEN	Nicht limitiert 1999: 225 Auszeichnungen (bei 1400 Einreichungen)
AUSZEICHNUNG / PREISGELD	Ehrenpreis; Auszeichnung durch Zertifikate Sonderauszeichnung: „TOP 10" des ausgezeichneten Gesamtprogramms und „Best of Category"
PREISVERLEIHUNG	Ja, am ersten Tag der CeBIT Messe in Hannover (Februar)
AUSSTELLUNG	Ja, die aktuelle Auswahl wird ab dem Zeitpunkt der Preisverleihung in Hannover gezeigt und ist als Dauerausstellung während aller Fachmessen auf dem Messegelände Hannover zu sehen.
KATALOG	Ja
LOGO	Ja
WEITERE PR-MASSNAHMEN	Presse- und Öffentlichkeitsarbeit durch den Veranstalter; Umfangreiches Werbemittelangebot für die Preisträger; Präsentation der Preisträger im Internet
TERMINE	Ausschreibung: Frühjahr Anmeldeschluß: August (plus Nachmeldefrist) Preisverleihung: Februar des Folgejahres (zur CeBIT)
KOSTEN FÜR DIE TEILNAHME	Anmeldegebühren für Vorauswahl: DM 150,– (zzgl. MwSt.) Organisationspauschale für Jurierung: DM 150,– bis DM 350,– (zzgl. MwSt.) (je nachdem, ob Selbstaufbau durch Unternehmen oder durch iF) Ausstellungsgebühren: DM 1.600,– bis DM 3.000,– (zzgl. MwSt.) (je nach Größe der Präsentation, diese Gebühr ist bei Auszeichnung eines Produktes verbindlich) Eintrag in das iF Jahrbuch: DM 1500,– DM (zzgl. MwSt.) (diese Gebühr ist bei Auszeichnung eines Produktes verbindlich)
BESONDERHEITEN	Zweistufiges Auswahlverfahren: Vorauswahl anhand von Fotos und Produktbeschreibung, Endauswahl anhand der Originalprodukte.

INTERNATIONALE WETTBEWERBE	VISUELLE KOMMUNIKATION	FÜR STUDENTEN
DEUTSCHE WETTBEWERBE	PRODUKT- / INDUSTRIEDESIGN	FÜR UNTERNEHMEN UND DESIGNER

(1)

NAME DES WETTBEWERBS	**Internationaler Designpreis Baden-Württemberg**
AUSLOBER	Design Center Stuttgart
VERANSTALTER	Design Center Stuttgart Willi-Bleicher-Straße 19 D-70174 Stuttgart Tel +49 (0) 711 1 23 26 36 Fax +49 (0) 711 1 23 25 77 e-mail design@mail.igabw.de URL www.design-center.de
GRÜNDUNGSJAHR	1991 (von 1962 bis 1986 u. d. T. „Deutsche Auswahl" und bis 1994 u. d. T. „Design Auswahl")
TURNUS	Jährlich
ZIEL	Zweck des Wettbewerbs ist es, gutgestaltete Produkte mit Anerkennungen und die besten davon mit Preisen auszuzeichnen, sie in Ausstellung und Katalog publik zu machen. In dem, was sie Vorbildliches an Entwicklung und Gestaltung geleistet haben, sollen Hersteller und Designer bestärkt werden.
AUSRICHTUNG	National/International
TEILNAHMEBEDINGUNGEN	Zur Teilnahme eingeladen sind Hersteller oder Designer von Industrieprodukten mit Sitz, Niederlassung oder Vertretung in der Bundesrepublik Deutschland. Angemeldet werden kann jedes Produkt, das nicht länger als zwei Jahre auf dem deutschen Markt ist.
ZUGELASSENE PRODUKTE / PRODUKTKATEGORIEN	Möbel für den Wohnbereich Objektmöblierung Textilien Haushalt, Garten Heizung, Sanitär, Installation Beleuchtung Freizeit, Spiel, persönlicher Gebrauch Optik, Foto, TV, Radio Kommunikation, Datenverarbeitung, Büroartikel Medizintechnik, Labor Werkzeug, Meß- und Prüfgeräte Werkstatt, industrielle Produktion Transport, Verkehr
BEWERTUNGSKRITERIEN	Gestaltqualität Innovationsgehalt Verwendung neuer Werkstoffe und Fertigungsverfahren

	Ökologischer Aspekt
	Gebrauchsqualität
	Benutzerführung, Produktgrafik bzw. -typographie
	Gestalterische Qualität der Produktausstattung
	Visualisierung von Werthaltungen
	Emotionaler Gehalt
ANZAHL DER AUSZEICHNUNGEN	Nicht limitiert; der Jury ist die Anzahl der zu vergebenden Preise und Anerkennungen freigestellt. 1998: 5 Preise und 127 Auszeichnungen bei 700 Einreichungen
AUSZEICHNUNG / PREISGELD	Ehrenpreis; Auszeichnung durch Urkunde; Preisträger erhalten eine Kleinplastik von Max Bill
PREISVERLEIHUNG	Ja, durch den Wirtschaftsminister des Landes Baden-Württemberg
AUSSTELLUNG	
KATALOG	Ja, für etwa vier Monate im Design Center Stuttgart
LOGO	Ja
WEITERE PR-MASSNAHMEN	Presse- und Öffentlichkeitsarbeit durch den Veranstalter; Präsentation der Preisträger im Internet
TERMINE	Ausschreibung: Frühjahr
	Anmeldeschluß: Juni
	Preisverleihung: Oktober
KOSTEN FÜR DIE TEILNAHME	Pro Anmeldung wird eine Gebühr von DM 100,– erhoben. Bei Auszeichnung fällt zur Herstellung der Publikation ein Kostenbeitrag von DM 500,– pro Produkt an.
BESONDEREHEITEN	Zweistufiges Auswahlverfahren: Vorauswahl anhand von Fotos und Produktbeschreibung, Endauswahl anhand der Originalprodukte.

INTERNATIONALE WETTBEWERBE   VISUELLE KOMMUNIKATION   FÜR STUDENTEN
DEUTSCHE WETTBEWERBE   PRODUKT-/INDUSTRIEDESIGN   FÜR UNTERNEHMEN UND DESIGNER

NAME DES WETTBEWERBS	**Landesprämierung Hamburg**
AUSLOBER	Wirtschaftsbehörde der Freien und Hansestadt Hamburg
VERANSTALTER	hamburgunddesign° Designbeauftragte Dr. Babette Peters Holländische Reihe 11 D-22765 Hamburg Tel +49 (0) 40 39 90 54 15 Fax +49 (0) 40 39 90 51 34
GRÜNDUNGSJAHR	1994
TURNUS	Alle zwei Jahre (letzte Vergabe: 1998)
ZIEL	Die Landesprämierung Hamburg orientiert sich an den Vorgaben zum „Bundespreis Produktdesign" und zeichnet für die Freie und Hansestadt Hamburg Serienerzeugnisse aus, die sich unter Gesichtspunkten der Gebrauchstauglichkeit, der Umweltverträglichkeit, der Sicherheit und der Ästhetik als Spitzenleistungen industrieller Produktgestaltung ausweisen.
AUSRICHTUNG	Regional

TEILNAHMEBEDINGUNGEN	Teilnahmeberechtigt sind alle Unternehmen und Designer mit Sitz in Hamburg
ZUGELASSENE PRODUKTE	Serienerzeugnisse aller Produktkategorien ohne thematische Einschränkung
BEWERTUNGSKRITERIEN	Gestaltungsqualität Gebrauchswert Technische Qualitäten Gesamtkonzept

ANZAHL DER AUSZEICHNUNGEN	Maximal 12 Serienerzeugnisse 1998: 12 Auszeichnungen (bei 100 Einreichungen)
AUSZEICHNUNG / PREISGELD	Ehrenpreis; Auszeichnung durch Urkunde
PREISVERLEIHUNG	Ja
AUSSTELLUNG	Ja
KATALOG	Ja
LOGO	Ja
WEITERE PR-MASSNAHMEN	Presse- und Öffentlichkeitsarbeit durch den Veranstalter
TERMINE	Ausschreibung: Frühjahr Anmeldeschluß: Sommer Preisverleihung: möglichst kurzfristig nach der Jurierung
KOSTEN FÜR DIE TEILNAHME	Keine

INTERNATIONALE WETTBEWERBE	VISUELLE KOMMUNIKATION · FÜR STUDENTEN
DEUTSCHE WETTBEWERBE · PRODUKT- / INDUSTRIEDESIGN	FÜR UNTERNEHMEN UND DESIGNER

1

NAME DES WETTBEWERBS	**marianne brandt – preis für design des landes sachsen-anhalt**
AUSLOBER	Ministerium für Wirtschaft und Technologie des Landes Sachsen-Anhalt
VERANSTALTER	Designzentrum Sachsen-Anhalt GmbH Ebertallee 71 D-06846 Dessau Tel +49 (0) 340 61 97 83 Fax +49 (0) 340 61 97 84 e-mail DesignSA@aol.com
GRÜNDUNGSJAHR	1996/97
TURNUS	Alle zwei Jahre (letzte Vergabe: 1997)
ZIEL	Mit der Auslobung des „marianne brandt – preises für für design des landes sachsen-anhalt" soll in kleinen und mittleren sachsen-anhaltischen Unternehmen eine kreative und differenzierte Auseinandersetzung mit Produkt-, Konzept- und Dienstleistungsdesign als Marketingfaktor und Wettbewerbsvorteil initiiert werden. Ziel ist die wirtschaftliche Stärkung der sachsen-anhaltischen Unternehmen.
AUSRICHTUNG	Regional
TEILNAHMEBEDINGUNGEN	Für eine Teilnahme am Wettbewerb gelten folgende Bedingungen: – Das herstellende Unternehmen hat seinen Sitz in Sachsen-Anhalt. – Das Produkt wird überwiegend in Sachsen-Anhalt serienmäßig hergestellt. – Das Konzept oder die Dienstleistung wird durch das Unternehmen in Sachsen-Anhalt regelmäßig angewandt. – Das Produkt, das Konzept oder die Dienstleistung muß zum Zeitpunkt der Bewerbung in Deutschland oder der Europäischen Union serienmäßig angeboten werden. – Die Markteinführung muß nach dem 01.01.1990 (Ausschreibung 1996/97) datiert sein. – Das einreichende Unternehmen hat nicht mehr als 250 Beschäftigte und einen maximalen Jahresumsatz von 40 Mio. DM. Ein Unternehmen kann insgesamt zwei Produkte, Konzepte oder Dienstleistungen einreichen.

ZUGELASSENE PRODUKTE / PRODUKTKATEGORIEN	Alle Produkte aus den folgenden Bereichen: Investitionsgüterdesign Marketingdesign Ökologie Dienstleistungen Kommunikationsdesign Gestaltung von Elementen des öffentlichen Raumes Produktdesign
BEWERTUNGSKRITERIEN	Konzeptionelle Geschlossenheit Funktionalität und Bedienbarkeit Technische Umsetzung Originalität Ästhetische Qualität Innovative Qualität Gesamtkonzeption Ökologische Problemlösung Ergonomische Gesichtspunkte Soziale Komponente Gestalterische Eigenständigkeit Reproduzierbarkeit Oberflächengestaltung
ANZAHL DER AUSZEICHNUNGEN	Vier Preise und eine nichtlimitierte Anzahl von Anerkennungen 1997: Drei 2. Preise, ein Förderpreis, 10 Anerkennungen (bei 76 Einreichungen)
AUSZEICHNUNG/PREISGELD	Preisgeld insgesamt:　DM 35.000,– 1. Preis　　　　　　　DM 15.000,– 2. Preis　　　　　　　DM 10.000,– 3. Preis　　　　　　　DM　5.000,– Förderpreis　　　　　DM　5.000,–
PREISVERLEIHUNG	Ja
AUSSTELLUNG	Ja
KATALOG	Ja
LOGO	Ja
WEITERE PR-MASSNAHMEN	Presse- und Öffentlichkeitsarbeit durch den Veranstalter
TERMINE	Ausschreibung:　Sommer Anmeldeschluß:　Oktober Preisverleihung:　Frühjahr des Folgejahres
KOSTEN FÜR DIE TEILNAHME	Für jede Einreichung wird ein Unkostenbeitrag von DM 95,– erhoben.

NAME DES WETTBEWERBS	**Produkte des Jahres**
AUSLOBER	Fachverband Kunststoff-Konsumwaren im GKV
VERANSTALTER	Fachverband Kunststoff-Konsumwaren im Gesamtverband kunststoffverarbeitende Industrie e. V. Am Hauptbahnhof 12 D-60329 Frankfurt am Main Tel +49 (0) 69 2 71 05 31 Fax +49 (0) 69 23 98 38
GRÜNDUNGSJAHR	1979
TURNUS	Jährlich
ZIEL	Der Fachverband Kunststoff-Konsumwaren führt diesen Wettbewerb durch, um für die prämierten Produkte, ihre Herstellerfirmen, die kunststoffverarbeitende Industrie, für den Werkstoff Kunststoff und den Verband zu werben.
AUSRICHTUNG	National/International
TEILNAHMEBEDINGUNGEN	Teilnahmeberechtigt sind alle Hersteller von Konsumartikeln aus Kunststoff, die auf dem inländischen Markt mit firmeneigenem Vertrieb anbieten. Bei der Verwendung mehrerer Werkstoffe muß der Kunststoffanteil am Produkt überwiegen. Produkte im Materialbereich Recycling-Kunststoff müssen mindestens 50 % wiederverwerteten Kunststoff enthalten. Die betreffenden Teile dürfen nicht länger als ein Jahr vor Einsendeschluß am internationalen Markt eingeführt sein und müssen von der Einsendefirma gefertigt sein. Jede Firma darf bis zu fünf Produkte einreichen.
ZUGELASSENE PRODUKTE PRODUKTKATEGORIEN	Konsumartikel aus Kunststoff für die Funktionsbereiche Haus Freizeit Allgemeiner Bedarf Technische Konsumgüter (sowie für den Materialbereich) Recycling-Kunststoff
BEWERTUNGSKRITERIEN	Kreativität Ästhetik Funktionalität Form und Farbe Gebrauchstauglichkeit

ANZAHL DER AUSZEICHNUNGEN	Pflegefreundlichkeit Kunststoffspezifische Vorteile der Konsumartikel Bis zu 10 Prämierungen für jede der o. g. Produktkategorien 1999: 19 Auszeichnungen (bei 104 Einreichungen)
AUSZEICHNUNG / PREISGELD	Ehrenpreis; Auszeichnung durch Urkunde
PREISVERLEIHUNG	Ja
AUSSTELLUNG	Ja
KATALOG	Ja
WEITERE PR-MASSNAHMEN	Presse- und Öffentlichkeitsarbeit durch den Veranstalter
TERMINE	Ausschreibung: Mitte des Jahres Anmeldeschluß: Ende September Preisverleihung: Ende Januar des Folgejahres
KOSTEN FÜR DIE TEILNAHME	je DM 175,– für FVKK-Mitglieder für die beiden ersten eingereichten Produkte je DM 375,– für Nichtmitglieder für die beiden ersten eingereichten Produkte je DM 75,– für FVKK-Mitglieder für das dritte bis fünfte Wettbewerbsteil je DM 175,– für Nichtmitglieder für das dritte bis fünfte Wettbewerbsteil (alle Preise zzgl. MwSt.)
BESONDERHEIT	Die prämierten Produkte werden Teil der Sammlung des Deutschen Kunststoff-Museums in Düsseldorf.

NAME DES WETTBEWERBS	**Saarländischer Staatspreis Produktdesign**
AUSLOBER	Ministerium für Wirtschaft und Finanzen des Saarlandes
VERANSTALTER	ZPT Zentrale für Produktivität und Technologie Saar e.V. Haus der Saarwirtschaft Franz-Josef-Röder-Straße 9 D-66119 Saarbrücken Tel +49 (0) 681 9 52 04 70 Fax +49 (0) 681 5 84 61 25
GRÜNDUNGSJAHR	1993
TURNUS	Alle zwei Jahre (letzte Vergabe: 1997)
ZIEL	Die gute Formgebung gewinnt im Wettbewerb und im Absatz technisch ausgereifter Serienprodukte als Motiv für Kaufentscheidungen zunehmend an Bedeutung. Immer mehr Firmen beziehen deshalb das Design in die Produktentwicklung mit ein, und sie legen Wert auf ein gutes Erscheinungsbild des Unternehmens in der Öffentlichkeit. Die Landesregierung will durch den „Saarländischen Staatspreis Produktdesign" Anstöße geben, das Wettbewerbspotential des Designs bewußter und erfolgreicher zu nutzen.
AUSRICHTUNG	Regional
TEILNAHMEBEDINGUNGEN	Teilnahmeberechtigt sind Unternehmen mit Stammsitz im Saarland. Unternehmen, die ihren Sitz außerhalb des Landes haben, können mit Produkten teilnehmen, die im Saarland gefertigt werden. Die Produkte müssen für die Serienproduktion entwickelt und auch serienmäßig gefertigt worden sein. Bewerben können sich Unternehmen mit ihren serienmäßig gefertigten Produkten, die im Laufe der letzten vier Jahre auf den Markt gekommen sind und zum Zeitpunkt des Wettbewerbs auf dem deutschen Markt erhältlich sind.
ZUGELASSENE PRODUKTE / PRODUKTKATEGORIEN	Serienerzeugnisse aus allen Produktbereichen
BEWERTUNGSKRITERIEN	Gebrauchsqualität Produktgestaltung Sicherheit Innovation bei der Konstruktion Umweltverträglichkeit Material Fertigungstechnik

ANZAHL DER AUSZEICHNUNGEN	1997: 11 Preise und zwei Anerkennungen bei 60 Einreichungen
AUSZEICHNUNG / PREISGELD	Ehrenpreis; Auszeichnung durch Urkunde
PREISVERLEIHUNG	Ja
AUSSTELLUNG	Ja
KATALOG	Ja
LOGO	Ja
WEITERE PR-MASSNAHMEN	Presse- und Öffentlichkeitsarbeit durch den Veranstalter; Präsentation der prämierten Produkte im Internet ist in Planung
TERMINE	Ausschreibung: Mai Anmeldeschluß: Juni Preisverleihung: Oktober
KOSTEN FÜR DIE TEILNAHME	Keine

INTERNATIONALE WETTBEWERBE   VISUELLE KOMMUNIKATION   FÜR STUDENTEN
DEUTSCHE WETTBEWERBE   PRODUKT-/INDUSTRIEDESIGN   FÜR UNTERNEHMEN UND DESIGNER

NAME DES WETTBEWERBE	**Sächsischer Staatspreis für Design**
AUSLOBER	Sächsisches Staatsministerium für Wirtschaft und Arbeit
VERANSTALTER	Designzentrum Sachsen e. V. Grüne Straße 16 D-01067 Dresden Tel +49 (0) 351 8 67 16 38 Fax +49 (0) 351 8 67 16 39
GRÜNDUNGSJAHR	1992
TURNUS	Jährlich
ZIEL	Die Verleihung des Sächsischen Staatspreises für Design ist seit 1992 fester Bestandteil der Designförderung des Freistaates Sachsen. Mit der Vergabe werden herausragende und zukunftsweisende Gestaltungsleistungen bei Produkten, Dienstleistungen und Kommunikationskonzepten gewürdigt.
AUSRICHTUNG	Regional
TEILNAHMEBEDINGUNGEN	Der Preis richtet sich an Unternehmen und Designer. Bewerben können sich kleine und mittlere Unternehmen mit am Markt bereits eingeführten Produkten, Dienstleistungen bzw. Kommunikationskonzepten. Das Produkt muß zum Zeitpunkt der Bewerbung auf dem deutschen bzw. EG-Markt angeboten werden. Der Designentwurf sollte nach dem 01.01. des Vorjahres auf den Markt gekommen sein. Voraussetzung dabei ist, daß die Gestaltungsleistung entweder von einem sächsischen Designer für ein Unternehmen in Sachsen oder einem anderen Bundesland Deutschlands erbracht wurde oder daß ein Designer aus Sachsen bzw. aus einem anderen Bundesland Deutschlands für ein sächsisches Unternehmen tätig wurde.
ZUGELASSENE PRODUKTE / PRODUKTKATEGORIEN	Wohnmöbel, Raumausstattung, Zubehör Möbelbezugsstoffe, Raumtextilien Bekleidung Haushaltsgeräte und -artikel, Gartengeräte Glas, Porzellan, Keramik, Bestecke Spielzeug Uhren Beleuchtung, Elektroinstallation Heizung, Lüftung, Sanitär Büroeinrichtung und -bedarf, Büro- und Informationstechnik

	Maschinen-, Komponenten- und Anlagentechnik Werkstatt- und Industrieausrüstung, Werkzeuge, Meß- und Prüfgeräte Medizin, Geräte, Praxis-Ausstattung, Krankenhausmöbel Arbeitsschutzprodukte Fahrzeuge und Sonderfahrzeuge, Transport und Verkehr Bau- und Landmaschinen, Ausrüstung Public Design, Ladeneinrichtung Sportartikel Foto-/Optische Geräte und Zubehör Audio-visuelle Produkte Grafik- und Kommunikationsdesign Sonstiges
BEWERTUNGSKRITERIEN	Technische und ästhetische Eigenständigkeit / Innovationsgrad Gestaltungsqualität / Gesamtkonzeption Gebrauchsvisualisierung / Funktionalität und Bedienbarkeit Umweltverträglichkeit Technologische und materialgerechte Umsetzung Beziehung zum Umfeld Ergonomie Originalität Konzeptionelle Geschlossenheit Eigenständigkeit Reproduzierbarkeit
ANZAHL DER AUSZEICHNUNGEN	3 Preise und 2 Anerkennungen 1997: 1. bis 3. Preis sowie zwei Anerkennungen bei 75 Einreichungen
AUSZEICHNUNG / PREISGELD	Preisgeld insgesamt: DM 60.000,– Über die Verteilung der Preisgelder entscheidet die Jury.
PREISVERLEIHUNG	Ja, durch den Sächsischen Minister für Wirtschaft und Arbeit
AUSSTELLUNG	Ja
KATALOG	Ja
LOGO	Ja
WEITERE PR-MASSNAHMEN	Presse- und Öffentlichkeitsarbeit durch den Veranstalter
TERMINE	Ausschreibung: Frühjahr Anmeldeschluß: Juli Preisverleihung: November
KOSTEN FÜR DIE TEILNAHME	Keine

INTERNATIONALE WETTBEWERBE VISUELLE KOMMUNIKATION FÜR STUDENTEN
DEUTSCHE WETTBEWERBE PRODUKT- / INDUSTRIEDESIGN FÜR UNTERNEHMEN UND DESIGNER

NAME DES WETTBEWERBS	**Thüringer Preis für Produktdesign**
AUSLOBER	Thüringer Ministerium für Wirtschaft und Infrastruktur
VERANSTALTER	Design Zentrum Thüringen Rathenauplatz 6 D-99423 Weimar Tel +49 (0) 3643 8 71 10 Fax +49 (0) 3643 87 11 11 e-mail design.thueringen@gast.uni-weimar.de
GRÜNDUNGSJAHR	1993
TURNUS	Jährlich
ZIEL	Mit der Ausschreibung sollen vor allem kleine und mittlere Unternehmen angeregt werden, den Wettbewerbsfaktor Design rechtzeitig in den Entwicklungsprozeß einzubeziehen. Der Thüringer Preis für Produktdesign ist auch eine Maßnahme der Wirtschaftsförderung in Thüringen.
AUSRICHTUNG	Regional
TEILNAHMEBEDINGUNGEN	Bewerben können sich kleine und mittlere Unternehmen, die ihren Geschäftsbetrieb in Thüringen haben, und die Produktion des Erzeugnisses muß in Thüringen erfolgen. Ihre Produkte müssen zum Zeitpunkt der Bewerbung als Serienprodukte auf dem europäischen bzw. internationalen Markt angeboten werden. Die Beschäftigtenzahl sollte 500 Mitarbeiter nicht übersteigen. Das Design sollte die Gesamtqualität des Erzeugnisses entscheidend beeinflussen.
ZUGELASSENE PRODUKTE / PRODUKTKATEGORIEN	Serienerzeugnisse aller Produktkategorien ohne thematische Einschränkung aus dem Bereich Industrie und Handwerk
BEWERTUNGSKRITERIEN	Gestaltungsqualität Gebrauchswert Technische Qualitäten Gesamtkonzeption

ANZAHL DER AUSZEICHNUNGEN	Nicht limitiert 1998: 3 Preise und 7 Anerkennungen bei 52 Einreichungen
AUSZEICHNUNG / PREISGELD	Preisgeld gesamt: DM 50.000,–; über dessen Vergabe und Aufteilung entscheidet die Jury; weitere Auszeichnung durch Urkunde
PREISVERLEIHUNG	Ja, durch den Thüringer Minister für Wirtschaft und Infrastruktur
AUSSTELLUNG	Ja
KATALOG	Ja
LOGO	Ja
WEITERE PR-MASSNAHMEN	Presse- und Öffentlichkeitsarbeit durch den Veranstalter; Präsentation der ausgezeichneten Produkte im Internet in Vorbereitung
TERMINE	Ausschreibung: Frühjahr Anmeldeschluß: August Preisverleihung: Oktober
KOSTEN FÜR DIE TEILNAHME	DM 100,– pro Einreichung

INTERNATI

PRODUKT-/INDUSTRIEDESIGN

FÜR UNTERNEHMEN UND DESIGNER

2

INTERNATIONALE WETTBEWERBE   VISUELLE KOMMUNIKATION   FUR STUDENTEN
DEUTSCHE WETTBEWERBE   PRODUKT-/INDUSTRIEDESIGN   FUR UNTERNEHMEN UND DESIGNER

BIO Biennial of Industrial Design 66/67
British Design & Art Direction D&AD 68/69
Compasso d'Oro / The Golden Compass Award 70/71
Design Effectiveness Awards 72/73
Design for Europe 74/75
Design Preis Schweiz 76/77
European Design Prize 78/79
Good Design® 80/81
Good Design Award / G-Mark Selection 82/83
I.D. Annual Design Review 84/85
IDEA Industrial Design Excellence Awards 86/87
International Design Competition Osaka 88/89
Medical Design Excellence Awards 90/91

INTERNATIONALE WETTBEWERBE	VISUELLE KOMMUNIKATION FÜR STUDENTEN
DEUTSCHE WETTBEWERBE	PRODUKT- / INDUSTRIEDESIGN FÜR UNTERNEHMEN UND DESIGNER

NAME DES WETTBEWERBS	**BIO Biennial of Industrial Design**
AUSLOBER	Biennial of Industrial Design Ljubljana
VERANSTALTER	BIO Secretariat Karunova 4 SLO-1000 Ljubljana Tel +386 (0) 61 1 25 32 07 Fax +386 (0) 61 33 50 66
GRÜNDUNGSJAHR	1963
TURNUS	Alle zwei Jahre (letzte Vergabe: 1998)
ZIEL	Als eine Art Leistungsschau präsentiert die Ausstellung aktuelle Tendenzen im internationalen und slovenischen Industrie- und Kommunikationsdesign. Herausragende Produkte werden im Rahmen eines Wettbewerbs ausgezeichnet.
AUSRICHTUNG	International

TEILNAHMEBEDINGUNGEN	Eingereicht werden können Produkte, die sich bereits in Herstellung befinden oder aber kurz vor der Serienfertigung stehen. Der Produktionsbeginn darf nicht länger als zwei Jahre zurückliegen. Die Produkte werden über die nationalen Design-Institutionen für die Ausstellung und damit gleichzeitig für den Wettbewerb nominiert. Pro Land können maximal 50 Produkte nominiert werden, die nicht bereits an der vorangegangenen Biennale teilgenommen haben. Die Nominierungen für deutsche Unternehmen und Produkte erfolgen durch den Rat für Formgebung.
ZUGELASSENE PRODUKTE / PRODUKTKATEGORIEN	Möbel Leuchten Möbelstoffe Gaststätten- und Haushaltsgeräte Heizung, Lüftung, Sanitär Landwirtschaftliche Maschinen und Geräte, Gartengeräte Optik, Foto Unterhaltungselektronik Computer und Zubehör Werkzeugmaschinen, Werkzeuge Meß- und Prüfgeräte, Laborgeräte Medizinische Geräte, Hilfsmittel für Behinderte und Rehabilitation Verkehr und Transport

	Public Design
	Architekturelemente und -systeme
	Sport, Freizeit
	Spielzeug, Lernhilfen
	Verpackung
	Schmuck, Bekleidung
	Sonstiges
	Visuelle Kommunikation, Informationssysteme
	Corporate Identity Programme
BEWERTUNGSKRITERIEN	Nicht näher spezifiziert
ANZAHL DER AUSZEICHNUNGEN	Nicht limitiert; die Jury kann eine unbegrenzte Anzahl von „Gold-Medaillen" und „Anerkennungen" vergeben Sonderauszeichnung: „ICSID Design Excellence Award" und „ICOGRADA Excellence Award" für das jeweils beste Produkt aus den Kategorien „Industrie-Design" und „Visuelle Kommunikation" 1998: 5 Goldmedaillen und 10 Anerkennungen bei 430 Nominierungen
AUSZEICHNUNG / PREISGELD	Ehrenpreis; Auszeichnung durch Urkunde
PREISVERLEIHUNG	Ja
AUSSTELLUNG	Ja
KATALOG	Ja
LOGO	Ja
WEITERE PR-MASSNAHMEN	Presse- und Öffentlichkeitsarbeit durch den Veranstalter
TERMINE	Ausschreibung: Frühjahr Preisverleihung: Oktober
KOSTEN FÜR DIE TEILNAHME	Jedes Land hat eine Teilnahmegebühr für die nominierten Produkte zu entrichten: – bis 30 Produkte US-$ 1.000,– – ab 30 Produkte US-$ 1.500,–

NAME DES WETTBEWERBS	**British Design & Art Direction D&AD**
AUSLOBER	The Designers and Art Directors Association of the United Kingdom
VERANSTALTER	British Design & Art Direction 9 Graphite Square Vauxhall Walk GB-London SE11 5EE Tel +44 (0) 171 5 82 64 87 Fax +44 (0) 171 5 82 77 84 URL www.dandad.org
GRÜNDUNGSJAHR	1962
TURNUS	Jährlich
ZIEL	Auszeichnung der besten Arbeiten aus den Bereichen Werbung, Visuelle Kommunikation, Produktdesign, Umweltgestaltung.
AUSRICHTUNG	International
TEILNAHMEBEDINGUNGEN	Teilnehmen können Designer und Art-Direktoren aus aller Welt ebenso wie alle Personen, die professionell in den nachstehenden Bereichen arbeiten und an der eingereichten Arbeit beteiligt waren, z. B. Werbeagenturen, Designteams, Filmproduktionsfirmen, Marketingunternehmen, Hersteller oder unabhängige Kreative. Eingereicht werden können alle Arbeiten aus den nachstehenden Kategorien, die im Laufe des Vorjahres der Ausschreibung veröffentlicht worden sind. Bei Druckwerken und Filmen ist Voraussetzung, daß diese in englischer Sprache verfaßt sind (aber nicht extra für den Wettbewerb übersetzt oder untertitelt wurden).
ZUGELASSENE PRODUKTE / PRODUKTKATEGORIEN	Printwerbung Poster Anzeigenlayout und -design Anzeigenentwurf Umsetzung und Ausführung der Werbung Direktmarketing Funkwerbung Verpackungs-Design Grafik-Design Umsetzung und Ausführung des Grafik-Design Warenzeichen

	Umweltgestaltung (Ladenbau, Design für Freizeit, Ausstellungsgestaltung, Bürogestaltung)
	Interaktive Medien
	Produktdesign
	Bücher, Zeitschriften, Umschlaggestaltung etc.
	Musikverpackungen und gedrucktes Werbematerial
	Pop Promotion Videos
	Fernseh- und Kino-Grafik
	Fernseh- und Kino-Werbung
	Umsetzung und Ausführung der Fernseh- und Kino-Werbung
BEWERTUNGSKRITERIEN	Nicht näher spezifiziert
ANZAHL DER AUSZEICHNUNGEN	Nicht limitiert 1999: 1 Gold-Medaille, 37 Silber-Medaillen, 90 Anerkennungen bei 17.107 Einreichungen
AUSZEICHNUNG / PREISGELD	Ehrenpreis; Auszeichnung durch Urkunde
PREISVERLEIHUNG	Ja
AUSSTELLUNG	Ja
KATALOG	Ja
WEITERE PR-MASSNAHMEN	Presse- und Öffentlichkeitsarbeit durch den Veranstalter; Präsentation der ausgezeichneten Produkte im Internet
TERMINE	Ausschreibung: Sommer Anmeldeschluß: Dezember (plus Nachmeldefrist) Preisverleihung: Mai des Folgejahres
KOSTEN FÜR DIE TEILNAHME	Die Teilnahmegebühren pro eingereichter Arbeit sind in den einzelnen Kategorien unterschiedlich sowie auch innerhalb der Kategorien für die einzelnen Produktbereiche gestaffelt. Die Gebühren liegen zwischen £ 30,– und £ 270,–.

INTERNATIONALE WETTBEWERBE   VISUELLE KOMMUNIKATION   FÜR STUDENTEN
DEUTSCHE WETTBEWERBE   PRODUKT- / INDUSTRIEDESIGN   FÜR UNTERNEHMEN UND DESIGNER

NAME DES WETTBEWERBS	**Compasso d'Oro / The Golden Compass Award**
AUSLOBER	Associazione per il Disegno Industriale ADI
VERANSTALTER	Associazione per il Disegno Industriale ADI Via Bramante, 29 I-20154 Mailand Tel +39 (0) 2 33 10 01 64 Fax +39 (0) 2 89 01 15 63 e-mail adi@essai.it URL www.essai.it/Adi/
GRÜNDUNGSJAHR	1954
TURNUS	Unregelmäßig (letzte Vergabe: 1998)
ZIEL	Auszeichnung hervorragend gestalteter Produkte aus den unten genannten Kategorien. Bis 1996 war der Compasso d'Oro nur für italienische Unternehmen und Designer offen und konnte als wirtschaftsfördernde Maßnahme des ADI betrachtet werden. Inzwischen sind die Teilnahmebedingungen weitreichender ausgelegt.
AUSRICHTUNG	International
TEILNAHMEBEDINGUNGEN	Teilnahmeberechtigt sind Unternehmen und Designer mit Sitz in Italien oder mit einer Vertretung in Italien. Die einzureichenden Produkte dürfen nicht später als im Verlauf der letzten vier Jahre auf den Markt gekommen sein. Weiterhin sind die Mitglieder des ADI (Personen oder Institutionen) berechtigt, Produkte, die sie für auszeichnungswürdig halten, für den Preis vorzuschlagen.
ZUGELASSENE PRODUKTE / PRODUKTKATEGORIEN	Insgesamt sind beim Compasso d'Oro 47 Kategorien aufgeführt, die im folgenden in einzelne Bereiche zusammengefaßt wurden: Möbel / Büromöbel / Möbel für den Außenbereich Leuchten für den Wohnbereich / Leuchten für den Außenbereich Elektrische Haushaltsgeräte Haushaltswaren Transport und Verkehr Küche / Bad Datenverarbeitungsgeräte Unterhaltungselektronik Schreib- und Papierwaren Software

	Medizinische Geräte und Ausstattung
	Sport / Freizeit / Spiel
	Musikinstrumente
	Maschinen und Werkzeuge
	Textilien
	Verpackung
	Grafikdesign
	Leitsysteme und Straßenmobiliar
	Dienstleistungen
	Materialien
	Gebrauchsanweisungen
	Messestandgestaltung
	Innenarchitektur
BEWERTUNGSKRITERIEN	Ästhetische Qualität
	Ökologische Qualität
	Innovationsgrad
	Langlebigkeit
	Ökonomischer Erfolg des Produktes
ANZAHL DER AUSZEICHNUNGEN	Maximal 20 Auszeichnungen und maximal 200 Anerkennungen
AUSZEICHNUNG / PREISGELD	Ehrenpreis; Auszeichnung durch Urkunde
	Compasso d'Oro Award
	Compasso d'Oro Mentions
PREISVERLEIHUNG	Ja
AUSSTELLUNG	Ja, zur Mailänder Möbelmesse
KATALOG	Ja
LOGO	Ja
WEITERE PR-MASSNAHMEN	Presse- und Öffentlichkeitsarbeit durch den Veranstalter; Kommunikationsmittel für die Preisträger. In einem virtuellen Museum sind die ausgezeichneten Produkte aufgeführt (www.dolcevita.com). Dieses Verzeichnis ist im Aufbau und umfaßt derzeit die Jahre 1954 bis 1989.
TERMINE	Aufgrund des unregelmäßigen Ausschreibungsturnus sind Terminangaben nicht möglich. Laut Auskunft des ADI ist die nächste Ausschreibung für das Jahr 2000 vorgesehen.
KOSTEN FÜR DIE TEILNAHME	Keine; bei Auszeichnung fallen Kosten an, die sich auf etwa 3.000,– bis 4.000,– DM pro Preisträger belaufen.

INTERNATIONALE WETTBEWERBE	VISUELLE KOMMUNIKATION	FÜR STUDENTEN
DEUTSCHE WETTBEWERBE	PRODUKT- / INDUSTRIEDESIGN	FÜR UNTERNEHMEN UND DESIGNER

2

NAME DES WETTBEWERBS	**Design Effectiveness Awards**
AUSLOBER	Design Business Association
VERANSTALTER	Design Business Association 32-28 Saffron Hill GB-London EC1N 8FH Tel +44 (0) 171 8 13 31 23 Fax +44 (0) 171 8 13 31 32 e-mail enquiries@dbal.demon.co.uk URL www.dba.org.uk
GRÜNDUNGSJAHR	1989
TURNUS	Jährlich
ZIEL	Auszeichnung exzellenter Designleistungen, um dem Wirtschaftsfaktor Design eine hohe Gewichtung beizumessen. Der Wettbewerb will damit auch die Leistung und Effizienz der britischen Industrie im Bereich der Gestaltung unterstützen.
AUSRICHTUNG	International
TEILNAHMEBEDINGUNGEN	Teilnahmeberechtigt sind Designbüros aus aller Welt oder die Auftraggeber. Gestaltungsjahr und Markteinführung sind unerheblich. Es muß allerdings ein Nachweis über die Wirksamkeit des Designs auf dem Markt aus den vorangegangenen 18 Monaten geführt und eingereicht werden.
ZUGELASSENE PRODUKTE / PRODUKTKATEGORIEN	Corporate Identity Programme Verpackungs-Design Produkt-Design Inneneinrichtung Ausstellungsgestaltung Druckschriften, Prospekte Informations-Design Verkaufsförderung Sonderkategorie „Design for Good"
BEWERTUNGSKRITERIEN	Nicht näher spezifiziert

ANZAHL DER AUSZEICHNUNGEN	Maximal 19 Auszeichnungen Sonderauszeichnung: „Grand Prix Award" (durch einen Sponsor) 1998: 20 Auszeichnungen bei 170 Einreichungen
AUSZEICHNUNG / PREISGELD	Ehrenpreis; Auszeichnung durch Trophäe
PREISVERLEIHUNG	Ja
AUSSTELLUNG	Ja
KATALOG	Ja
WEITERE PR-MASSNAHMEN	Presse- und Öffentlichkeitsarbeit durch den Veranstalter; Präsentation der ausgezeichneten Produkte im Internet
TERMINE	Ausschreibung: Frühjahr Anmeldeschluß: Juni Preisverleihung: Oktober
KOSTEN FÜR DIE TEILNAHME	Pro eingereichtem Produkt wird eine Gebühr erhoben: £ 75,– (+VAT) für Mitglieder der Design Business Association £ 110,– (+VAT) für Nichtmitglieder
BESONDERHEIT	Zweistufiges Auswahlverfahren: Vorauswahl anhand eines Fotos, einer Kurzbeschreibung des Produktes und einer Checkliste, die das Design und seine Effizienz näher erläutert, Endauswahl anhand einer ausführlichen Darstellung des Produktes in Form von Dias und Dokumentationen.

NAME DES WETTBEWERBS	**Design for Europe**
AUSLOBER	Stichting Interieur
VERANSTALTER	Stichting Interieur „Design for Europe" Groeningestraat 37 B-8500 Kortrijk Tel +32 (0) 56 22 95 22 Fax +32 (0) 56 21 60 77 e-mail interieur@interieur.be URL www.interieur.be
GRÜNDUNGSJAHR	1968
TURNUS	Alle zwei Jahre (letzte Vergabe: 1998)
ZIEL	Zuerkennung verschiedener Auszeichnungen für innovatives Design und Designkonzepte, die einen kreativen Beitrag in verschiedenen Bereichen der Inneneinrichtung (privat und öffentlich) leisten.
AUSRICHTUNG	International
TEILNAHMEBEDINGUNGEN	Der Wettbewerb steht allen Entwerfern, Gruppen von Designern, Studenten und Schulen offen. Die Produkte oder Projekte dürfen zum Zeitpunkt der Eröffnung der Biennale INTERIEUR noch nicht in Produktion genommen worden sein.
ZUGELASSENE PRODUKTE / PRODUKTKATEGORIEN	Produkte und Projekte, die einen kreativen Beitrag zur Wohnungseinrichtung (privat und öffentlich) leisten
BEWERTUNGSKRITERIEN	Formeller und technologischer Innovationswert Kultureller, sozialer, ökologisch und ästhetisch qualitativer Beitrag zur Inneneinrichtung Durchführungsmöglichkeit und technologische Machbarkeit Qualität der Darstellung Wahl der Materialien Einige Preise werden gewährt in Abhängigkeit von den durch die Sponsoren auferlegten Produktspezifikationen.

ANZAHL DER AUSZEICHNUNGEN	Richtet sich nach Anzahl der Sponsoren 1998: 11 Preise bei 313 Einreichungen
AUSZEICHNUNG/PREISGELD	Preisgelder Gesamtsumme 1998: 37.500,– EURO Das Preisgeld verteilt sich auf verschiedene Preise in unterschiedlichen Bereichen der Inneneinrichtung. Die Preise werden von verschiedenen Institutionen und Unternehmen gesponsert. 1998: Geldpreise zwischen 1.250,– und 5.000,– EURO
PREISVERLEIHUNG	Ja
KATALOG	Ja
LOGO	Ja
WEITERE PR-MASSNAHMEN	Presse- und Öffentlichkeitsarbeit durch den Veranstalter; Präsentation der ausgezeichneten Arbeiten im Internet
TERMINE	Ausschreibung: Frühjahr Anmeldeschluß: Juli Preisverleihung: Oktober
KOSTEN FÜR DIE TEILNAHME	100,– EURO pro eingereichtem Projekt

NAME DES WETTBEWERBS	**Design Preis Schweiz**
AUSLOBER	Bundesamt für Kultur Wirtschaftsförderung der Kantone Bern und Solothurn zusammen mit dem Designers' Saturday
VERANSTALTER	Geschäftsstelle Design Preis Schweiz c/o Design Center Postfach 1626 CH-4901 Langenthal Tel +41 (0) 62 9 23 03 33 Fax +41 (0) 62 9 23 16 22 e-mail designpreis@designnet.ch URL www.designnet.ch
GRÜNDUNGSJAHR	1991
TURNUS	Alle 2 Jahre (letzte Vergabe: 1997)
ZIEL	Mit dem Wettbewerb sollen die Bedeutung und der Nutzen von Design zur Verbesserung der Lebensqualität und als Wettbewerbsfaktor für Industrie- und Dienstleistungsbetriebe aufgezeigt werden, eine Plattform für hervorragende Designleistungen mit Vorbildwirkung geboten und Industrie- und Dienstleistungsbetriebe zum Einsatz motiviert werden.
AUSRICHTUNG	International
TEILNAHMEBEDINGUNGEN	Designerinnen und Designer, private und öffentliche Unternehmen aus der Schweiz und dem Ausland. Die Einreichung von Gruppen- und Einzelarbeiten ist möglich. Produkte aus den Bereichen Industrial Design und Möbel müssen auf dem Markt erhältlich sein.
ZUGELASSENE PRODUKTE / PRODUKTKATEGORIEN	Industrial Design Möbel-Design Textil-Design Service Design
BEWERTUNGSKRITERIEN	Gebrauchswert Gestaltungsqualität Originalität Man-Machine-Interface Umweltverträglichkeit Zeitgeist Wirtschaftlichkeit

ANZAHL DER AUSZEICHNUNGEN	Industrial Design: 1 Preis + eine nichtlimitierte Anzahl von Anerkennungen Möbel-Design: 1 Preis + eine nichtlimitierte Anzahl von Anerkennungen Textil-Design: 1 Preis + eine nichtlimitierte Anzahl von Anerkennungen Service Design: 1 Preis 1997: 3 Preise, 50 Anerkennungen und 4 lobende Erwähnungen bei 606 Einreichungen
AUSZEICHNUNG / PREISGELD	Industrial Design: 10.000,– Franken Möbel-Design: 10.000,– Franken Textil-Design: 10.000,– Franken Service-Design: 10.000,– Franken
PREISVERLEIHUNG	Ja
AUSSTELLUNG	Ja
KATALOG	Ja
LOGO	Ja
WEITERE PR-MASSNAHMEN	Presse- und Öffentlichkeitsarbeit durch den Veranstalter; Präsentation der ausgezeichneten Produkte im Internet
TERMINE	Ausschreibung: Herbst Anmeldeschluß: April des Folgejahres Preisverleihung: November
KOSTEN FÜR DIE TEILNAHME	Pro Einreichung wird eine Teilnahmegebühr von 200,– Franken erhoben. Es entstehen keine weiteren Kosten für Ausstellung und Katalog.
BESONDERHEIT	Zweistufiges Auswahlverfahren: Vorauswahl anhand von Fotos und Produktbeschreibung, Endauswahl anhand der Originalprodukte.

`INTERNATIONALE WETTBEWERBE` `VISUELLE KOMMUNIKATION` `FÜR STUDENTEN`
`DEUTSCHE WETTBEWERBE` `PRODUKT- / INDUSTRIEDESIGN` `FÜR UNTERNEHMEN UND DESIGNER`

2

NAME DES WETTBEWERBS	**European Design Prize**
AUSLOBER	Europäische Union
VERANSTALTER	Mit der Durchführung des EDP wird bei jeder Ausschreibung eine andere europäische Design-Institution oder eine Agentur beauftragt.
	Kontaktadresse bei der EU: Commission des Communautés Européennes Direction Générale XIII Batiment Jean Monnet B4/106 A L-2920 Luxembourg Tel +35 (0) 2 43 01 45 46 Fax +35 (0) 2 4 30 13 45 44
	Nationale Durchführung in Deutschland: Rat für Formgebung / German Design Council Postfach 15 03 11 D-60063 Frankfurt am Main Tel +49 (0) 69 74 79 19 Fax +49 (0) 69 7 41 09 11 e-mail german-design-council@ipf.de URL www.euro-design-guide.de
GRÜNDUNGSJAHR	1988
TURNUS	Alle zwei Jahre (letzte Vergabe: 1997)
ZIEL	Das Ziel des European Design Prize ist es, das Bewußtsein um den Gebrauch von Design als Instrument der Innovation und Qualität zu stimulieren, um die Wettbewerbsfähigkeit von Unternehmen zu verbessern. Der EDP hat sich zum Ziel gesetzt, den Informationsfluß an und innerhalb von Europäischen Klein- und Mittelbetrieben zu fördern. Die besondere Betonung liegt auf dem Informationsfluß von Bereichen, wo die Bedeutung von Design erst in bescheidenem Ausmaß untersucht worden ist. Es soll aufgezeigt werden, welch wichtige Rolle Design im Innovationsprozeß spielt, welchen wirtschaftlichen Nutzen es bringt und welch wichtigen Beitrag es daher für den wirtschaftlichen Erfolg leistet.
AUSRICHTUNG	International
TEILNAHMEBEDINGUNGEN	Teilnahmeberechtigt sind klein- und mittelständische Unternehmen mit Sitz und Betrieb im Europäischen Wirtschaftsraum. Die Unternehmen sollten unabhängig agieren und in ihren Entscheidungen autonom sein, ohne Rücksicht auf ihre Eigentümerstruktur. Die

	bevorzugte Zielgruppe sind Firmen mit bis 250 Mitarbeitern. Größere Unternehmen sind vom Wettbewerb aber nicht ausgeschlossen. Die maximale Mitarbeiterzahl liegt bei 1500.
ZUGELASSENE PRODUKTE / PRODUKTKATEGORIEN	Da der Preis erfolgreichen Unternehmen in ihrer Gesamtheit zuerkannt wird, werden keine Produktbereiche vorgegeben.
BEWERTUNGSKRITERIEN	Hauptkriterium: Die Anwendung von Design zum Zwecke der erfolgreichen Innovation. Innovationen auf dem Gebiet der Einführung oder Verwertung neuer Technologien – entweder für ein neues Produkt oder Verfahren oder um bestehende Produkte oder Dienstleistungen zu verbessern.
	Leitlinien: Die Vergabe des Preises ist eine Anerkennung eines Unternehmens in seiner Gesamtheit und des eingebundenen Designer(team)s. Die Preisträger sollten vorzugsweise aus Wirtschaftsbereichen kommen, in denen es keine lange Design-Tradition gibt. Pionierleistungen sind erwünscht. Die Preisträger sollten für eine breitangelegte PR-Kampagne geeignet sein.
ANZAHL DER AUSZEICHNUNGEN	Nicht limitiert; die EU gibt in der Ausschreibung eine Empfehlung für die Anzahl der zu vergebenden Auszeichnungen durch die internationale Jury 1997: 11 Preisträger bei 64 Endrundenteilnehmern
AUSZEICHNUNG / PREISGELD	Ehrenpreis; Auszeichnung durch Urkunde Sonderauszeichnungen 1997: Preis für ein junges, technologieintensives Unternehmen – Newcomer-Preis für die erfolgreiche Anwendung von Design auf einem Gebiet, das Design traditionell nicht für Innovation einsetzt – Life Time Achievement-Preis für die vortreffliche Anwendung von Design in allen Bereichen der Firmentätigkeit
PREISVERLEIHUNG	Ja
KATALOG	Ja
LOGO	Ja
WEITERE PR-MASSNAHMEN	Presse- und Öffentlichkeitsarbeit durch den Veranstalter Die Ausstellung wird in verschiedenen europäischen Städten gezeigt.
TERMINE	Die Termine für den nächsten Wettbewerb lagen bei Redaktionsschluß nicht vor.
KOSTEN FÜR DIE TEILNAHME	Keine
BESONDERHEIT	Zweistufiges Auswahlverfahren: die nationalen Design-Institutionen führen zunächst einen Wettbewerb durch, bei dem maximal fünf Unternehmen für den EDP nominiert werden. Diese gehen dann mit allen anderen nationalen Nominierungen in den internationalen Wettbewerb, bei dem die Preisträger ermittelt werden.

NAME DES WETTBEWERBS	**Good Design®**
AUSLOBER	The Chicago Athenaeum Museum of Architecture and Design
VERANSTALTER	The Chicago Athenaeum Museum of Architecture and Design Sixth North Michigan Avenue USA-Chicago, Illinois 60602 Tel +1 312 2 51 01 75 Fax +1 312 2 51 01 76 e-mail leonard@chi-athenaeum.org URL www.chi-athenaeum.org
GRÜNDUNGSJAHR	1950
TURNUS	Jährlich
ZIEL	Die Good Design®-Auszeichnung versteht sich selbst als Quintessenz aktueller Designinnovationen und will mit dem Wettbewerb Designer und Hersteller zur Verbesserung ihrer Designstandards und -qualität motivieren.
AUSRICHTUNG	International
TEILNAHMEBEDINGUNGEN	Alle Produkte, die maximal ein Jahr vor der Ausschreibung produziert oder gestaltet wurden und sich in Produktion befinden. Für Prototypen muß der Zeitpunkt der Serienherstellung feststehen.
ZUGELASSENE PRODUKTE / PRODUKTKATEGORIEN	Büromöbel Haushaltswaren Leuchten/Lichtsysteme Technische Geräte Automobile und Zubehör Besteck Porzellan und Glas Industrieausrüstung Stoffe/Textilien Computer/Werkzeuge Maschinen Elektronik Telekommunikation Sonstiges Bücher Zeitschriften Kataloge Werbung

	Poster CI Programme Verpackungsdesign
BEWERTUNGSKRITERIEN	Innovation Form Material Konstruktion Konzept Funktion Gebrauchswert
ANZAHL DER AUSZEICHNUNGEN	Nicht limitiert 1998: 75 Auszeichnungen
AUSZEICHNUNG / PREISGELD	Ehrenpreis
PREISVERLEIHUNG	Ja
AUSSTELLUNG	Ja, Ausstellung der aktuellen Auswahl sowie ständige Ausstellung
KATALOG	Nein
LOGO	Ja
WEITERE PR-MASSNAHMEN	Presse- und Öffentlichkeitsarbeit durch den Veranstalter; Präsentation der ausgezeichneten Produkte im Internet
TERMINE	Ausschreibung: Januar Anmeldeschluß: Juli Preisverleihung: Oktober
KOSTEN FÜR DIE TEILNAHME	$ 100,– pro eingereichtem Produkt
BESONDERHEIT	Jurierung anhand von Fotomaterial und Produktbeschreibung Die prämierten Produkte gehen in die ständige Sammlung des Chicago Athenaeum Museum of Architecture and Design ein.

NAME DES WETTBEWERBS	**Good Design Award / G-Mark Selection**
AUSLOBER	Japan Industrial Design Promotion Organisation (JIDPO)
VERANSTALTER	Japan Industrial Design Promotion Organisation (JIDPO) World Trade Center Bldg., Annex 4th Floor 2-4-1 Hamamtsu-cho, Minato-ku Tokyo 105-6190, Japan Tel +81 3 34 35 56 26 Fax +81 3 34 32 73 46 e-mail g-mark@jidpo.or.jp URL www.jidpo.or.jp/
GRÜNDUNGSJAHR	1957
TURNUS	Jährlich
ZIEL	Das Ziel des Good Design Award ist die Auszeichnung herausragend gestalteter Produkte unter einem sozialen und kulturellen Gesichtspunkt sowie der Motivierung der Industrie für den Einsatz von Design bei der Entwicklung ihrer Produkte.
AUSRICHTUNG	International
TEILNAHMEBEDINGUNGEN	Eingereicht werden können Produkte aus allen Bereichen, die industriell gefertigt werden, bereits auf dem japanischen Markt erhältlich sind oder in Kürze in Japan erhältlich sein werden.
ZUGELASSENE PRODUKTE / PRODUKTKATEGORIEN	Sport und Freizeit Unterhaltungselektronik Bekleidung und Accessoires Küchen- und Haushaltsgeräte und -waren Inneneinrichtung Wohnung Büro und Geschäft Ausbildung Krankenhaus, Gesundheit, Pflege Information Industrie Transport und Verkehr Öffentlicher Raum Anlagen
BEWERTUNGSKRITERIEN	Grundlegende Kriterien: Ästhetik Eleganz

	Originalität Sicherheit Funktion und Gebrauchswert Qualität Umweltverträglichkeit Preis Die Bewertung sieht noch zwei weitere Stufen der Bewertung vor, die in den Ausschreibungsunterlagen sehr detailliert aufgeführt werden.
ANZAHL DER AUSZEICHNUNGEN	Nicht limitiert 1998: 717 Auszeichnungen mit „Good Design Award" und 40 Sonderauszeichnungen bei 2024 Einreichungen
AUSZEICHNUNG / PREISGELD	Ehrenpreis; Auszeichnung durch Urkunde Sonderauszeichnungen: Good Design Grand Prize Good Design Gold Prize Universal Design Prize Interaction Design Prize Ecology Design Prize
PREISVERLEIHUNG	Ja
AUSSTELLUNG	Ja
KATALOG	Ja
LOGO	Ja
WEITERE PR-MASSNAHMEN	Presse- und Öffentlichkeitsarbeit durch den Veranstalter; Präsentation der ausgezeichneten Produkte im Internet
TERMINE	Ausschreibung: Frühjahr Anmeldeschluß: Juli Preisverleihung: Oktober
KOSTEN FÜR DIE TEILNAHME	Pro Produkt wird eine Teilnahmegebühr von etwa DM 420,– erhoben. Ausstellungsgebühr: je nach benötigter Fläche des Produktes zwischen DM 135,– und DM 1.400,–
BESONDERHEIT	Zweistufiges Auswahlverfahren: Vorauswahl anhand von Fotos und Produktbeschreibung, Endauswahl anhand der Originalprodukte.

INTERNATIONALE WETTBEWERBE   VISUELLE KOMMUNIKATION   FÜR STUDENTEN
DEUTSCHE WETTBEWERBE   PRODUKT- / INDUSTRIEDESIGN   FÜR UNTERNEHMEN UND DESIGNER

2

NAME DES WETTBEWERBS	**I.D. Annual Design Review**
AUSLOBER	I.D. The International Design Magazine
VERANSTALTER	I.D. The International Design Magazine 440 Park Avenue South, 14th Floor USA-New York, NY 10016-8012 Tel +1 212 4 47 14 00 Fax +1 212 4 47 52 31 e-mail designreview@id-mag.com URL www.id-mag.com
GRÜNDUNGSJAHR	1954
TURNUS	Jährlich
ZIEL	Auszeichnung aktueller Produkte auf internationaler Ebene. Der Wettbewerb sieht sich selbst als „Amerikas größte, umfassendste und renommierteste Designauszeichnung".
AUSRICHTUNG	International

TEILNAHMEBEDINGUNGEN	Eingereicht werden können alle Arten von Projekten oder Produkten, die im laufenden Kalenderjahr entstanden oder produziert wurden. Der Wettbewerb richtet sich an Designer, Unternehmen sowie an Studierende.
ZUGELASSENE PRODUKTE / PRODUKTKATEGORIEN	Konsumgüter Transport / Verkehr Graphik-Design Umweltgestaltung Möbel Technische Geräte Verpackungen Studentische Arbeiten
BEWERTUNGSKRITERIEN	Nicht näher spezifiziert

ANZAHL DER AUSZEICHNUNGEN	Nicht limitiert 1998: 200 Auszeichnungen bei 2781 Einreichungen
AUSZEICHNUNG / PREISGELD	Ehrenpreis Sonderauszeichnungen „Best of Category" für jede Produktkategorie „Design Distinction" für jede Produktkategorie „Honorable Mention" für jede Produktkategorie „Product Concepts" „Students Works"
PREISVERLEIHUNG	Ja
AUSSTELLUNG	Ja
KATALOG	Ja, als Themenheft in der Juli/August-Ausgabe der Zeitschrift I.D.
LOGO	Ja
WEITERE PR-MASSNAHMEN	Verbreitung der Ergebnisse durch die Zeitschrift I.D. (s. o.) Präsentation der ausgezeichneten Produkte im Internet
TERMINE	Ausschreibung: Herbst Anmeldeschluß: Januar des Folgejahres (plus Nachmeldefrist) Prämierung: August
KOSTEN FÜR DIE TEILNAHME	$ 100,– pro eingereichtem Produkt $ 50,– pro eingereichtem Produkt für Studierende

NAME DES WETTBEWERBS	**IDEA Industrial Design Excellence Awards**
AUSLOBER	Industrial Designers Society of America IDSA
VERANSTALTER	Industrial Designers Society of America IDSA 1142 Walker Road USA-Great Falls, VA 22066 Tel +1 703 7 59 01 00 Fax +1 703 7 59 76 79 e-mail idsa@erols.org URL www.idsa.org
GRÜNDUNGSJAHR	1979
TURNUS	Jährlich
ZIEL	Mit dem Wettbewerb soll in Unternehmen und der Öffentlichkeit das Verständnis für Design und seine Stellung im wirtschaftlichen Kontext herausgehoben und gefördert werden.
AUSRICHTUNG	International
TEILNAHMEBEDINGUNGEN	Eingereicht werden können Produkte aus den unten genannten Kategorien. Die Produkte müssen im Lauf der vorangegangenen zwei Jahre auf den Markt gelangt sein. Teilnahmeberechtigt sind Designer und Unternehmen aus aller Welt. Voraussetzung ist, daß entweder der Designer des Produktes Amerikaner ist oder aber das Produkt in dem vorab genannten Zeitraum auf dem nordamerikanischen Markt angeboten wird. Ausnahmeregelungen gelten für die Bereiche Designforschung und studentische Arbeiten.
ZUGELASSENE PRODUKTE / PRODUKTKATEGORIEN	Industrieprodukte Konsumgüter Möbel Medizinische Geräte Transport und Verkehr Umweltgestaltung Verpackung und Grafikdesign Designforschung Studentische Arbeiten (nur USA)
BEWERTUNGSKRITERIEN	Designinnovation Benutzerfreundlichkeit Wirtschaftlichkeit Umweltverträglichkeit Ästhetik

ANZAHL DER AUSZEICHNUNGEN	Nicht limitiert 1998: 125 Auszeichnungen bei 1031 Einreichungen
AUSZEICHNUNG/PREISGELD	Ehrenpreis; die ausgezeichneten Produkte werden in Gold-, Silber- und Bronze-Preisträger eingestuft
PREISVERLEIHUNG	Ja
AUSSTELLUNG	Ja
KATALOG	Ja
LOGO	Ja
WEITERE PR-MASSNAHMEN	Presse- und Öffentlichkeitsarbeit durch den Veranstalter; Die Zeitschrift „BusinessWeek" als Sponsor des Wettbewerbs berichtet in der Juli-Ausgabe ausführlich über die Preisträger, dieser Bericht erscheint auch als Sonderdruck; Präsentation der ausgezeichneten Produkte im Internet
TERMINE	Ausschreibung: Herbst Anmeldeschluß: Februar des Folgejahres (plus Nachmeldefrist) Preisverleihung: Juli
KOSTEN FÜR DIE TEILNAHME	Pro eingereichtem Produkt ist eine Teilnahmegebühr zu zahlen in Höhe von $ 95,– für Mitglieder des IDSA $ 130,– für Nichtmitglieder $ 25,– für studentische Mitglieder des IDSA $ 50,– für Studierende, die nicht Mitglied sind

NAME DES WETTBEWERBS	**International Design Competition Osaka**
AUSLOBER	Japan Design Foundation
VERANSTALTER	Japan Design Foundation 3-1-800, Umeda, 1-chome, Kita-ku Osaka 530-0001 Japan Tel +81 6 346 26 12 Fax +81 6 346 26 15 e-mail jdf@mxp.meshnet.or.jp URL www.jidpo.or.jp/japandesign/jdf/html
GRÜNDUNGSJAHR	1983
TURNUS	Alle zwei Jahre (letzte Vergabe: 1997)
ZIEL	Ziel des Wettbewerbs ist, jeweils von neuem die Rolle des Designs zu hinterfragen, die es bei der Entwicklung von Visionen für eine lebenswerte Zukunft der Menscheit einnimmt.
AUSRICHTUNG	International
TEILNAHMEBEDINGUNGEN	Teilnehmen können Einzelpersonen oder Gruppen aus allen Arbeitsbereichen und aus aller Welt. Die Arbeiten dürfen zum Zeitpunkt der Einreichung nicht veröffentlicht sein und bis zum Ende der Jurierung auch nicht veröffentlich werden, d. h. nicht auf dem Markt erhältlich, nicht der Öffentlichkeit vorgestellt, nicht in Zeitungen oder Zeitschriften veröffentlicht sein.
ZUGELASSENE PRODUKTE / PRODUKTKATEGORIEN	Der Design-Wettbewerb steht bei jeder Ausschreibung unter einem Thema, zu dem Arbeiten eingereicht werden können. Themen der vergangenen Ausschreibungen waren z. B. „Wasser", „Feuer", „Erde", „Wind". Berücksichtigt werden alle Kategorien des Designs: Poster Kleine Drucksachen, Fotografien Illustrationen Symbolzeichen, Muster, Typografie Verpackung Transport und Verkehr Licht, Beleuchtung Maschinen Ausrüstung, Anlagen Werkzeuge Möbel

	Spielzeug Tischwaren Kunsthandwerk, Schmuck Textil, Bekleidung Stadtplanung und -gestaltung Architektur, Inneneinrichtung Garten Straßenmobiliar, Public Design (Öffentliche Einrichtungen) Anderes
BEWERTUNGSKRITERIEN	Übereinstimmung mit dem Wettbewerbsthema Originalität Sozialer Kontext und Anpassungsfähigkeit an die Strömungen der Zeit Anregung für die Zukunft Möglichkeit der Nutzung zukünftiger Technologien
ANZAHL DER AUSZEICHNUNGEN	Es werden verschiedene Auszeichnungen vergeben: Grand Prize – Prime Minister's Prize (1 x) Gold Prize – Minister of International Trade and Industry Prize (1 x) Govenor of Osaka Prefecture Prize (1 x) Mayor of Osaka Prize (1 x) Silver Prize – Chairman of Japan Design Foundation Prize (1 x) Bronze Prize – President of Japan Design Foundation Prize (3 x) Honorable Mention 1998: 12 Auszeichnungen bei 1021 Einreichungen
AUSZEICHNUNG/ PREISGELD	Preisgeld insgesamt: US-$ 71.000,– Das Preisgeld verteilt sich in unterschiedlichen Beträgen auf die oben genannten Auszeichnungen.
PREISVERLEIHUNG	Ja, im Rahmen des Osaka Design Festivals
AUSSTELLUNG	Ja
KATALOG	Ja
LOGO	Nein
WEITERE PR-MASSNAHMEN	Presse- und Öffentlichkeitsarbeit durch den Veranstalter; Präsentation der ausgezeichneten Arbeiten im Internet
TERMINE	Ausschreibung: Sommer Anmeldeschluß: Herbst Preisverleihung: Oktober des Folgejahres
KOSTEN FÜR DIE TEILNAHME	Gebühren fallen nur für Teilnehmer aus Japan an, für Teilnehmer aus anderen Ländern ist die Teilnahme am Wettbewerb kostenfrei.
BESONDERHEIT	Zweistufiges Auswahlverfahren: Vorauswahl anhand von Dias, die ausgewählten Arbeiten können dann überarbeitet – aber nicht wesentlich verändert – und dann für die Endauswahl als Poster oder Modell präsentiert werden.

NAME DES WETTBEWERBS	**Medical Design Excellence Awards**
AUSLOBER	Canon Communications LLC zusammen mit Industrial Designers Society of America IDSA
VERANSTALTER	Industrial Designers Society of America IDSA 1142 Walker Road USA-Great Falls, VA 2206-1836 Tel +1 703 7 59 01 00 Fax +1 703 7 59 76 79 e-mail idsa@erols.org URL www.idsa.org
GRÜNDUNGSJAHR	1998
TURNUS	Jährlich
ZIEL	Ziel des Wettbewerbs ist die Hervorhebung der gestalterischen Qualität von medizinischen Geräten, Produkten und Verpackungen auch unter dem Aspekt der Differenzierung durch Design auf dem internationalen Markt.
AUSRICHTUNG	International
TEILNAHMEBEDINGUNGEN	Teilnehmen können Designer, Unternehmen und Zulieferer aus aller Welt mit bereits auf dem Markt befindlichen Produkten und Verpackungen aus dem medizinischen Bereich.
ZUGELASSENE PRODUKTE / PRODUKTKATEGORIEN	Klinische Laborausstattungen und Zubehör Produkte für Intensiv- und Notfallmedizin Dentalinstrumente, -ausstattung und -zubehör Diagnostische Geräte Allgemeine therapeutische Produkte des Gesundheitswesens Spezielles Krankenmobiliar und Ausrüstungen für den Krankentransport Medizinische Ausstattung und Zubehör für die häusliche Gesundheitspflege Produkte aus dem Bereich Implantate und Gewebetransplantation Rehabilitation und Behelfsmittel Produkte für die Selbstmedikation und -behandlung Chirurgische Ausstattung, Instrumente und Zubehör Andere medizinische und Gesundheitsprodukte Endverpackungen
BEWERTUNGSKRITERIEN	Verbesserung der Funktionalität Wesentlicher wirtschaftlicher Nutzen Innovation

ANZAHL DER AUSZEICHNUNGEN	Nicht limitiert 1998: 18 Auszeichnungen bei 230 Einreichungen
AUSZEICHNUNG / PREISGELD	Ehrenpreis; es werden Gold- und Silber-Auszeichnungen vergeben
PREISVERLEIHUNG	Ja
AUSSTELLUNG	Ja, auf der Medical Design & Manufacturing Exposition in New York
KATALOG	Nein, 1998 hat die Zeitschrift „Medical Device & Diagnostic Industry" einen Sonderdruck mit den prämierten Produkten veröffentlicht
LOGO	Ja
WEITERE PR-MASSNAHMEN	Presse- und Öffentlichkeitsarbeit durch den Veranstalter; Präsentation der ausgezeichneten Produkte im Internet beim IDSA
TERMINE	Ausschreibung: Herbst Anmeldeschluß: Februar des Folgejahres (plus Nachmeldefrist) Preisverleihung: Mai
KOSTEN FÜR DIE TEILNAHME	Teilnahmegebühr pro eingereichtem Produkt in Höhe von US-$ 145,–

DEUTSCHE WETTBEW

VISUELLE KOMMUNIKATION

FÜR UNTERNEHMEN UND DES

3

INTERNATIONALE WETTBEWERBE   VISUELLE KOMMUNIKATION   FUR STUDENTEN
EUTSCHE WETTBEWERBE   PRODUKT-/INDUSTRIEDESIGN   FUR UNTERNEHMEN UND DESIGNER

100 Beste Plakate 94/95
ADC Wettbewerb 96/97
'Berliner T pe' Internationaler Druckschriften-Wettbewerb 98/99
Corporate Design Preis 100/101
Designer bewerten Design 24/25
Designpreis Brandenburg 26/27
Designpreis Mecklenburg-Vorpommern 34/35
Designpreis Rheinland-Pfalz Kommunikationsdesign 102/103
Deutscher Preis für Kommunikationsdesign 104/105
Deutscher Verpackungsdesign-Wettbewerb 40/41
Deutscher Verpackungswettbewerb 42/43
IF Ecology Design Award 44/45
iF Interaction Design Award 106/107
Marianne Brandt – Preis für Design des Landes Sachsen-Anhalt 54/55
Prämierte Formulare / Formularwettbewerb 108/109
Sächsischer Staatspreis für Design 60/61
Die Schönsten Deutschen Bücher 110/111

INTERNATIONALE WETTBEWERBE   VISUELLE KOMMUNIKATION   FÜR STUDENTEN
DEUTSCHE WETTBEWERBE   PRODUKT- / INDUSTRIEDESIGN   FÜR UNTERNEHMEN UND DESIGNER

3

NAME DES WETTBEWERBS	**100 Beste Plakate**
AUSLOBER	Verband der Grafik-Designer e. V. VGD AGD Allianz deutscher Designer Bund Deutscher Grafik-Designer e. V. BDG
VERANSTALTER	Verband der Grafik-Designer e. V. Rykestraße 2 D-10405 Berlin Tel +49 (0) 30 4 41 13 13 Fax +49 (0) 30 4 41 13 15 URL www.zlb.de/veranstaltungen/100B98
GRÜNDUNGSJAHR	1965
TURNUS	Jährlich
ZIEL	Auswahl und Prämierung der besten Plakate des Jahres
AUSRICHTUNG	National

TEILNAHMEBEDINGUNGEN	Einreichungsberechtigt sind Gestalter (Grafik-Designer, Gestaltungsbüros, Agenturen), Auftraggeber und Druckereien aus der Bundesrepublik Deutschland
ZUGELASSENE PRODUKTE / PRODUKTKATEGORIEN	Plakate aller Genres, die im Jahr der Ausschreibung gedruckt worden sind
BEWERTUNGSKRITERIEN	Nicht näher spezifiziert

ANZAHL DER AUSZEICHNUNGEN	Es werden 100 Plakate ausgewählt, daraus vergibt die Jury an 3 Arbeiten ein Ehrendiplom und ein Ehrendiplom für studentische Einreichungen. 1998: 900 Einreichungen
AUSZEICHNUNG / PREISGELD	Ehrenpreis
PREISVERLEIHUNG	Ja
AUSSTELLUNG	Ja
KATALOG	Ja
WEITERE PR-MASSNAHMEN	Presse- und Öffentlichkeitsarbeit durch den Veranstalter
TERMINE	Ausschreibung: Herbst Anmeldeschluß: Februar des Folgejahres Preisverleihung: Juni
KOSTEN FÜR DIE TEILNAHME	Je nach Anzahl der eingereichten Plakate wird eine Teilnahmegebühr zwischen DM 80,– und DM 300,– erhoben (für Studenten jeweils nur 50 %).

INTERNATIONALE WETTBEWERBE   VISUELLE KOMMUNIKATION   FÜR STUDENTEN
DEUTSCHE WETTBEWERBE   PRODUKT- / INDUSTRIEDESIGN   FÜR UNTERNEHMEN UND DESIGNER

NAME DES WETTBEWERBS	**ADC Wettbewerb**
AUSLOBER	ADC Art Directors Club für Deutschland e. V.
VERANSTALTER	ADC Art Directors Club für Deutschland e. V. Melemstraße 22 D-60322 Frankfurt am Main Tel +49 (0) 69 5 96 40 09 Fax +49 (0) 69 5 96 46 02 e-mail adc@adc.de URL www.adc.de
GRÜNDUNGSJAHR	1964
TURNUS	Jährlich
ZIEL	Prämierung der besten Arbeiten eines Jahres aus den Bereichen Werbung, Design, Werbefilm, Zeitschrift und Fotografie. Mit dem Wettbewerb will der ADC Maßstäbe setzen, die Vorbildfunktionen einnehmen.
AUSRICHTUNG	National
TEILNAHMEBEDINGUNGEN	Am Wettbewerb können ausschließlich Arbeiten eingereicht werden, die im Jahr der Ausschreibung erstmalig in der Bundesrepublik Deutschland publiziert wurden. Ferner müssen die Arbeiten im Auftrag und auf Kosten eines Auftraggebers, mit Ausnahme von Eigenwerbung, veröffentlicht worden sein. Teilnahmeberechtigt sind alle Urheber, Personen oder Firmen mit Arbeiten, an denen sie beteiligt waren.
ZUGELASSENE PRODUKTE / PRODUKTKATEGORIEN	Publikumsanzeigen (neu und laufend) Tageszeitungsanzeigen Fachanzeigen Plakate Text (für Anzeigen etc.) TV-Spots Verkaufsförderung Funk-Spots Musikkompositionen, Sounddesign Zeitschriften-Gestaltung Zeitschriften-Titel Zeitschriften-Beiträge Fotografie Illustration Kalender Kunst- und Kulturplakate Corporate Design

	Grafik-Design
Typografie
Broschüren, Kataloge, Firmendarstellungen
Packungs- und Formdesign
Kinowerbefilme
Filme für Verkaufsförderung, Unternehmensdarstellungen
TV-Trailer
TV-Desgin
Interaktive Medien
BEWERTUNGSKRITERIEN	Originalität
Klarheit
Überzeugungskraft
Machart
Freude
ANZAHL DER AUSZEICHNUNGEN	Nicht limitiert
1999: 8 Gold-Medaillen, 36 Silber-Medaillen, 60 Bronze-Medaillen und 193 Auszeichnungen bei 6.375 Einreichungen
AUSZEICHNUNG / PREISGELD	Ehrenpreis
In jeder der Katagorien können Gold-, Silber- und Bronze-Medaillen vergeben werden, weitere Auszeichnungen sowie ein Sonderpreis für eine herausragende Einzelleistung.
PREISVERLEIHUNG	Ja
AUSSTELLUNG	Ja
KATALOG	Ja
LOGO	Ja
WEITERE PR-MASSNAHMEN	Presse- und Öffentlichkeitsarbeit durch den Veranstalter; Präsentation der prämierten Arbeiten im Internet
TERMINE	Ausschreibung: Sommer
Anmeldeschluß: Dezember
Preisverleihung: März des Folgejahres
KOSTEN FÜR DIE TEILNAHME	Je nach Kategorie zwischen DM 200,– und DM 600,– pro eingereichter Arbeit. Bei Prämierung wird ein Herstellungskosten-Anteil für die Veröffentlichung der Arbeit im „ADC-Jahrbuch" und auch im „ADC of Europe-Buch" erhoben.

NAME DES WETTBEWERBS	„Berliner T pe" Internationaler Druckschriften-Wettbewerb
AUSLOBER	Deutscher Kommunikationsverband BDW e. V. Bundesverband Druck e. V.
VERANSTALTER	Deutscher Kommunikationsverband BDW e. V. Bundesgeschäftsstelle Adenauerallee 118 D-53113 Bonn Tel +49 (0) 228 94 91 30 Fax +49 (0) 228 9 49 13 13 e-mail info@kommunikationsverband.de URL www.kommunikationsverband.de
GRÜNDUNGSJAHR	1968
TURNUS	Jährlich
ZIEL	Auch im Zeitalter der elektronischen Medien bleibt die gedruckte Botschaft Basis jeglicher Kommunikation. Mit dem Wettbewerb „Berliner T pe" wollen der Deutsche Kommunikationsverband und der Bundesverband Druck den aktuellen Leistungsstand für Druckschriften deutlich machen.
AUSRICHTUNG	International (D, A, CH)
TEILNAHMEBEDINGUNGEN	Teilnahmeberechtigt sind Agenturen, Berater, Kreative, Grafik-Designer, Fotografen, Druckereien und andere Dienstleister sowie ihre Auftraggeber in Deutschland, Österreich und der Schweiz. Zum Wettbewerb zugelassen sind Druckschriften in deutscher Sprache und mehrsprachige Druckschriften, in denen die deutsche Sprache enthalten ist. Die eingereichten Druckschriften sollten zu den aufgelisteten Kategorien gehören und im Verlauf der vergangenen 12 Monate erstmals veröffentlicht worden sein.
ZUGELASSENE PRODUKTE / PRODUKTKATEGORIEN	Prospekte, Broschüren, Dokumentationen für Werbung Prospekte, Broschüren, Dokumentationen für Public Relations Prospekte, Broschüren, Sales Folder für Verkaufsförderung Kataloge für Werbung, Verkaufsförderung Kundenzeitschriften Geschäftsberichte, Umweltberichte Mitarbeiter-, Werkszeitschriften und -zeitungen

BEWERTUNGSKRITERIEN	Soll-Daten-Realisierung (Kommunikationsziel, Positionierung, Zielgruppengenauigkeit)
	Akzeptanz, Glaubwürdigkeit, Überzeugungsvermögen
	Verständlichkeit, Lernwirkung
	Adäquanz, Originalität
	Übereinstimmung von Text und Bild
	Qualität der technischen Ausführung
ANZAHL DER AUSZEICHNUNGEN	Nicht limitiert
	1998: 4 x Gold, 9 x Silber, 6 x Bronze, 21 Anerkennungen bei 318 Einreichungen
AUSZEICHNUNG / PREISGELD	Ehrenpreis; Auszeichnung durch Urkunde
	In den einzelnen Kategorien können „Berliner T pen" in Gold, Silber und Bronze vergeben werden
PREISVERLEIHUNG	Ja
AUSSTELLUNG	Ja
KATALOG	Ja, Buchpublikation
LOGO	Ja
WEITERE PR-MASSNAHMEN	Presse- und Öffentlichkeitsarbeit durch den Veranstalter
TERMINE	Ausschreibung: Anfang April
	Anmeldeschluß: Ende Mai
	Preisverleihung: September
KOSTEN FÜR DIE TEILNAHME	Für jede erste eingereichte Druckschrift ist eine Teilnahmegebühr von DM 300,– zu entrichten, für jede weitere Einreichung in Höhe von DM 250,–. Für Mitglieder des Deutschen Kommunikationsverbandes und der Landesverbände des Bundesverbandes Druck betragen die Teilnahmegebühren DM 250,– bzw. DM 175,– (alle inkl. MwSt.).
	Bei Auszeichnung fallen für die Preisträger für die Dokumentation anteilige Herstellungskosten an.

INTERNATIONALE WETTBEWERBE · VISUELLE KOMMUNIKATION · FÜR STUDENTEN
DEUTSCHE WETTBEWERBE · PRODUKT- / INDUSTRIEDESIGN · FÜR UNTERNEHMEN UND DESIGNER

NAME DES WETTBEWERBS	**Corporate Design Preis**
AUSLOBER	Deutscher Kommunikationsverband BDW e. V.
VERANSTALTER	Deutscher Kommunikationsverband BDW e. V. Bundesgeschäftsstelle Adenauerallee 118 D-53113 Bonn Tel +49 (0) 228 94 91 30 Fax +49 (0) 228 9 49 13 13 e-mail info@kommunikationsverband.de URL www.kommunikationsverband.de
GRÜNDUNGSJAHR	1993
TURNUS	Jährlich
ZIEL	In den letzten beiden Jahrzehnten sind sich immer mehr Unternehmen der Bedeutung der visuellen Identität bewußt geworden. Mit dem Wettbewerb „Corporate Design Preis" will der Deutsche Kommunikationsverband den aktuellen Leistungsstand für Corporate Design deutlich machen und einen Überblick über hervorragendes Corporate Design vermitteln. Vor allem aber honoriert der Preis profilierten unternehmerischen Mut und gestalterische Leistungen bei der Verwirklichung ästhetisch anspruchsvoller Kommunikation in der Kultur des Alltags und der Arbeitswelt.
AUSRICHTUNG	International (D, A, CH)
TEILNAHMEBEDINGUNGEN	Teilnehmen können Agenturen, Berater, Kreative, Grafik-Designer, Fotografen, Druckereien und andere Dienstleister sowie ihre Auftraggeber in Deutschland, Österreich und der Schweiz. Zum Wettbewerb zugelassen ist jedes Corporate Design, welches in Deutschland, in Österreich oder in der Schweiz gestaltet bzw. beauftragt wurde. Die eingereichten Arbeiten müssen erstmals im Verlauf der letzten 12 Monate veröffentlicht worden sein.
ZUGELASSENE PRODUKTE / PRODUKTKATEGORIEN	Corporate Design
BEWERTUNGSKRITERIEN	Idee (Qualität der Visualisierung unternehmerischer Visionen, Adäquanz, Originalität) Konsequenz in der Gestaltung (Akzeptanz, Glaubwürdigkeit, Überzeugungsvermögen) Funktionalität (Anwendbarkeit des Corporate Design, Ökonomie der Mittel)

	Kreativität, Eigenständigkeit und Intensität der Bildsprache
	Qualität der technischen Ausführung
ANZAHL DER AUSZEICHNUNGEN	Nicht limitiert
	1998: 1 x Gold, 1 x Silber, 2 x Bronze, 1 Sonderpreis bei 70 Einreichungen
AUSZEICHNUNG / PREISGELD	Ehrenpreis; Auszeichnung durch Urkunde; Bronzeskulptur für den Sieger.
	Es kann der „Corporate Design Preis" in Gold, Silber und Bronze vergeben werden.
PREISVERLEIHUNG	Ja
AUSSTELLUNG	Ja
KATALOG	Ja, Buchpublikation
WEITERE PR-MASSNAHMEN	Presse- und Öffentlichkeitsarbeit durch den Veranstalter
TERMINE	Ausschreibung: Januar
	Anmeldeschluß: Ende Mai
	Preisverleihung: September
KOSTEN FÜR DIE TEILNAHME	Für jede erste eingereichte Druckschrift ist eine Teilnahmegebühr von DM 300,– zu entrichten, für jede weitere Einreichung in Höhe von DM 250,–. Für Mitglieder des Deutschen Kommunikationsverbandes und der Landesverbände des Bundesverbandes Druck betragen die Teilnahmegebühren DM 250,– bzw. DM 175,– (alle inkl. MwSt.).
	Bei Auszeichnung fallen für die Preisträger für die Dokumentation anteilige Herstellungskosten an.

NAME DES WETTBEWERBS	**Designpreis Rheinland-Pfalz Kommunikationsdesign**
AUSLOBER	Der Minister für Wirtschaft, Verkehr, Landwirtschaft und Weinbau des Landes Rheinland-Pfalz
VERANSTALTER	Institut für Mediengestaltung Fachhochschule Mainz Weißliliengasse 1-3 D-55116 Mainz Tel +49 (0) 6131 28 62 70 Fax +49 (0) 6131 2 86 27 11 e-mail lmueller@img.fh-mainz.de
GRÜNDUNGSJAHR	1996
TURNUS	Alle zwei Jahre, im Wechsel mit dem Preis für Produktdesign (letzte Vergabe: 1998/99)
ZIEL DES WETTBEWERBS	Der Preis für Kommunikationsdesign soll durch die Auszeichnung hervorragender Gestaltungen, die sich klassischer und neuer Medien und Medientechnologien bedienen, das Bewußtsein für Design fördern, für Designer und Auftraggeber Leistungsanreize bieten und ein Forum des Leistungsvergleichs und Austausches sein.
AUSRICHTUNG	Regional
TEILNAHMEBEDINGUNGEN	Teilnehmen können Designer und Designerinnen, Designbüros, Agenturen sowie Auftraggeber von Kommunikationsdesign-Leistungen, wobei der Auftraggeber oder Auftragnehmer in Rheinland-Pfalz ansässig sein muß. Zugelassen sind alle Kommunikationsdesign-Produkte aus den nachstehenden Kategorien, die seit dem 1. Januar des Vorjahres realisiert und veröffentlicht wurden.
ZUGELASSENE PRODUKTE / PRODUKTKATEGORIEN	Alle Bereiche des Kommunikations- und Mediendesigns in den Kategorien: Digitale Offline-Medien Digitale Online-Medien Werbung Unternehmenskommunikation, Institutionelle Kommunikation Produktkommunikation Öffentliche Kommunikation und Orientierung Verlagsmedien Kultur, Sport, Soziales

BEWERTUNGSKRITERIEN	Kommunikative Qualität Gestalterische Qualität Innovative Qualität, Originalität Medienadäquate Anwendung und Umsetzung
ANZAHL DER AUSZEICHNUNGEN	Für jede Kategorie werden maximal drei Auszeichnungen vergeben. Der jeweils erste Platz einer Kategorie ist gleichzeitig der Designpreis Rheinland-Pfalz. 1998/99: 4 Preise, 12 Auszeichnungen und 26 weitere Arbeiten für die Ausstellung bei 180 Einreichungen
AUSZEICHNUNG / PREISGELD	Ehrenpreis; Auszeichnung durch Urkunde
PREISVERLEIHUNG	Ja, durch den Minister für Wirtschaft, Verkehr, Landwirtschaft und Weinbau des Landes Rheinland-Pfalz
AUSSTELLUNG	Ja
KATALOG	Ja
LOGO	Ja
WEITERE PR-MASSNAHMEN	Presse- und Öffentlichkeitsarbeit durch den Veranstalter
TERMINE	Ausschreibung: Sommer/Herbst Anmeldeschluß: Ende November Preisverleihung: Frühjahr des Folgejahres
KOSTEN FÜR DIE TEILNAHME	Für jede angemeldete Arbeit wird ein Kostenbeitrag von DM 50,– erhoben.

NAME DES WETTBEWERBS	**Deutscher Preis für Kommunikationsdesign**
AUSLOBER	Design Zentrum Nordrhein Westfalen
VERANSTALTER	Design Zentrum Nordrhein Westfalen Gelsenkirchener Str. 181 D-45309 Essen Tel +49 (0) 201 30 10 40 Fax +49 (0) 201 3 01 04 40 e-mail dz_info@compuserve.com URL www.design-germany.de
GRÜNDUNGSJAHR	1993
TURNUS	Jährlich
ZIEL	Der Wettbewerb verfolgt das Ziel, die gestalterische Kreativität und das gesellschaftliche Ansehen des Kommunikationsdesigns in Deutschland und darüber hinaus im europäischen Wirtschaftsraum zu fördern. Mit dem Wettbewerb soll Designern und Auftraggebern für die von ihnen gestalteten beziehungsweise beauftragten Arbeiten der visuellen Kommunikation ein angemessenes und zugleich anregendes internationales Forum des Leistungsvergleichs und Ideenaustauschs geboten werden.
AUSRICHTUNG	International
TEILNAHMEBEDINGUNGEN	Eingeladen zur Teilnahme sind Designer, Agenturen, Designbüros und Auftraggeber von Arbeiten des Kommunikationsdesigns aus aller Welt. Einsendeberechtigt sind Einzelpersonen, Arbeitsgemeinschaften, Industrie-, Handels- und Dienstleistungsunternehmen, Agenturen und Institutionen. Eingereicht werden können alle Arten von Auftragsarbeiten des Kommunikationsdesigns in jeder beliebigen Gestaltungstechnik, die im Verlauf der letzten zwei Jahre (vom Zeitpunkt der Anmeldefrist gerechnet) realisiert und veröffentlicht wurden.
ZUGELASSENE PRODUKTE / PRODUKTKATEGORIEN	Werbung Unternehmenskommunikation Produktkommunikation Öffentlicher Raum Wertdrucksachen Fernsehen und elektronische Medien Kultur und Sport

	Verlagswesen
	Multimedia
BEWERTUNGSKRITERIEN	Gestalterische Qualität
	Innovationsgrad
	Formale Ästhetik
	Verständlichkeit, Mitteilungsbreite und Funktionalität
	Symbolischer und emotionaler Gehalt
	Prägnanz
ANZAHL DER AUSZEICHNUNGEN	Deutscher Preis für Kommunikationsdesign (1 Auszeichnung)
	Sonderauszeichnung für höchste Designqualität (maximal 3 Arbeiten pro Kategorie)
	Ehrenauszeichnung für hohe Designqualität (nicht limitiert)
	1998: 147 Auszeichnungen bei 2300 Einreichungen
AUSZEICHNUNG / PREISGELD	1. Der Deutsche Preis für Kommunikationsdesign, dotiert mit 20.000,– DM
	2. Sonderauszeichnungen für höchste Designqualität (ohne Preisgeld)
	3. Ehrenauszeichnung für hohe Designqualität (ohne Preisgeld)
PREISVERLEIHUNG	Ja
AUSSTELLUNG	Ja
KATALOG	Ja
LOGO	Ja
WEITERE PR-MASSNAHMEN	Presse- und Öffentlichkeitsarbeit durch den Veranstalter
TERMINE	Ausschreibung: Frühjahr
	Anmeldeschluß: August
	Preisverleihung: Dezember
KOSTEN FÜR DIE TEILNAHME	Bearbeitungsgebühr DM 160,– (inkl. MwSt.) pro angemeldeter Arbeit
	Für Gesamtkonzeptionen, die aus zwei und mehr Arbeiten bestehen bzw. für Filme, Videos, CD-ROMs oder Homepages, staffelt sich die Bearbeitungsgebühr von DM 215,– bis DM 295,–.
	Die Kosten für den Eintrag ins „Jahrbuch Kommunikations-Design" staffeln sich nach Größe des Eintrags.

NAME DES WETTBEWERBS	**iF Interaction Design Award**
AUSLOBER	iF Industrie Forum Design Hannover
VERANSTALTER	iF Industrie Forum Design Hannover Messegelände D-30521 Hannover Tel +49 (0) 511 8 93 24 02 Fax +49 (0) 511 8 93 21 01 e-mail ifdesign@t-online.de URL www.ifdesign.de
GRÜNDUNGSJAHR	1997
TURNUS	Jährlich
ZIEL	Auszeichnung für gutgestaltete, funktionale und sich selbst erklärende Schnittstellen zwischen Mensch und Maschine.
AUSRICHTUNG	International
TEILNAHMEBEDINGUNGEN	Zur Teilnahme berechtigt sind Entwickler, Designer und industrielle Anbieter von Software. Die eingereichten Produkte müssen auf dem Markt erhältlich sein oder im Internet zur Verfügung stehen. Es werden sowohl Einzelanfertigungen als auch Serienprodukte zugelassen. Die Sonderkategorie ist von diesen Voraussetzungen ausgenommen.
ZUGELASSENE PRODUKTE / PRODUKTKATEGORIEN	Internetauftritte, CD-ROMs, DVD, Software aus den Bereichen: Produkt- und Firmenpräsentationen Präsentationen von Ländern, Städten, Kommunen, Organisationen, Institutionen, Privatpersonen, Museen, anderen kulturellen Einrichtungen Anwendungssoftware Hardware-Software-Integration Edutainment/Entertainment Sonderkategorie (Designszenarien, Studien, Visionen)
BEWERTUNGSKRITERIEN	Interaktivität Innovation Ästhetik Effiziente Funktion Einfache Erlernbarkeit Informationsstruktur Navigationsstruktur

ANZAHL DER AUSZEICHNUNGEN	Nicht limitiert 1999: 23 Auszeichnungen von 110 Anmeldungen
AUSZEICHNUNG / PREISGELD	Ehrenpreis; Auszeichnung durch Zertifikat Als Sonderauszeichnung sind in den Produktkategorien die „Best of Category" hervorgehoben und an der Spitze die „TOP 3" des ausgezeichneten Gesamtprogramms.
PREISVERLEIHUNG	Ja, am Eröffnungstag der CeBIT Messe in Hannover (März)
AUSSTELLUNG	Ja, die aktuelle Auswahl wird ab dem Zeitpunkt der Preisverleihung in Hannover gezeigt und ist als Dauerausstellung für ein Jahr während aller Fachmessen auf dem Messegelände Hannover zu sehen.
KATALOG	Ja
LOGO	Ja
WEITERE PR-MASSNAHMEN	Presse- und Öffentlichkeitsarbeit durch den Veranstalter; umfangreiches Werbemittelangebot für die Preisträger; Präsentation der Preisträger im Internet
TERMINE	Ausschreibung: Frühjahr/Sommer Anmeldeschluß: September Preisverleihung: März des Folgejahres (zur CeBIT)
KOSTEN FÜR DIE TEILNAHME	Anmeldegebühren: DM 490,– (zzgl. MwSt.) pro angemeldetem Produkt Ausstellungsgebühr: DM 2500,– (zzgl. MwSt.), die Gebühr ist bei Auszeichnung verbindlich Jahrbucheintrag: DM 1500,– (zzgl. MwSt.), Pflichteintrag bei Auszeichnung

INTERNATIONALE WETTBEWERBE	VISUELLE KOMMUNIKATION · FÜR STUDENTEN
DEUTSCHE WETTBEWERBE	PRODUKT- / INDUSTRIEDESIGN · FÜR UNTERNEHMEN UND DESIGNER

NAME DES WETTBEWERBS	**Prämierte Formulare – Formularwettbewerb**
AUSLOBER	Bundesverband Druck e. V. Ideelle Träger: Verband Druck und Medientechnik (Österreich) Schweizerischer Verband für visuelle Kommunikation (VISCOM)
VERANSTALTER	Bundesverband Druck e. V. Postfach 18 69 D-65008 Wiesbaden Tel +49 (0) 611 80 31 41 Fax +49 (0) 611 80 31 13 e-mail info@bvd-online.de URL www.bvd-online.de
GRÜNDUNGSJAHR	1992
TURNUS	Jährlich
ZIEL	Der Wettbewerb will hervorragende Leistungen in der Formulargestaltung und -herstellung herausstellen, prämieren und präsentieren.
AUSRICHTUNG	International (D, A, CH)
TEILNAHMEBEDINGUNGEN	Einsendeberechtigt sind Druckereien, Formularverlage, Auftraggeber (z. B. Unternehmen, Institutionen, Behörden) und andere an der Produktion Beteiligte (z. B. Agenturen, Grafik-Designer, Gestalter) in Deutschland, Österreich und der Schweiz. Zum Wettbewerb zugelassen sind Formulare in deutscher Sprache und mehrsprachige Formulare, in denen die deutsche Sprache enthalten ist. Gestaltungsentwürfe und Muster sind nicht zugelassen.
ZUGELASSENE PRODUKTE / PRODUKTKATEGORIEN	Alle Einzel- und Endlosformulare aus den Bereichen: Verträge / Anträge / Fragebogen Geschäftsformulare / Abrechnungen Geschäftspapierausstattungen Briefbogen Karten und Klein-Formulare
BEWERTUNGSKRITERIEN	Textverständlichkeit Gliederung der Daten Optische Gestaltung Lesbarkeit Technische Ausführung Werbewirkung Organisatorische Effizienz

ANZAHL DER AUSZEICHNUGEN	In jeder Kategorie werden 1., 2., und 3. Preise vergeben. Die Anzahl der Preise legt die Jury fest. 1998: 6 Preise bei 80 Einreichungen
AUSZEICHNUNG	Ehrenpreis; Auszeichnung durch Urkunde
PREISVERLEIHUNG	Ja
AUSSTELLUNG	Ja
KATALOG	Ja
LOGO	Ja
WEITERE PR-MASSNAHMEN	Presse- und Öffentlichkeitsarbeit durch den Veranstalter
TERMINE	Ausschreibung: Frühjahr Anmeldeschluß: August Preisverleihung: Oktober
KOSTEN FÜR DIE TEILNAHME	Für jedes eingereichte Formular wird eine Teilnahmegebühr von DM 92,– (inkl. MwSt.) erhoben. Für Geschäftspapierausstattungen (mindestens drei Teile) wird eine Teilnahmegebühr von DM 149,50 (inkl. MwSt.) erhoben.

NAME DES WETTBEWERBS	**Die Schönsten Deutschen Bücher**
AUSLOBER	Stiftung Buchkunst
VERANSTALTER	Stiftung Buchkunst Adickesallee 1 D-60322 Frankfurt am Main Tel +49 (0) 69 15 25 18 00 Fax +49 (0) 69 15 25 18 05 e-mail BUCHKUNST@dbf.ddb.de
GRÜNDUNGSJAHR	1965
TURNUS	Jährlich
ZIEL	Ziel des Wettbewerbs ist die Anhebung bzw. Erhaltung des Qualitätsniveaus in der Buchherstellung. Seine Aufgaben sind die vergleichende Wertung und die Ermittlung der Bestleistungen, die Repräsentation der prämierten Bücher durch Ausstellungen im In- und Ausland und durch den Katalog, vor allem aber durch die Anregung zur betriebsinternen Diskussion.
AUSRICHTUNG	National
TEILNAHMEBEDINGUNGEN	Teilnehmen können Verlage, Druckereien, Buchbindereien, Privatpressen und Fachschulen. Teilnahmeberechtigt sind alle zwischen dem 1. November des Vorjahres und dem 31. Oktober (bzw. 15. November) des laufenden Jahres erschienenen Bücher aus Verlagen, die ihren Hauptsitz in Deutschland haben. Die Bücher müssen in ihren Bestandteilen (z. B. Reproduktion, Einband, Papier) überwiegend auch dort entstanden sein. Bücher aus ausländischen Verlagen sind nur dann zugelassen, wenn die Produktion ausschließlich in Deutschland erfolgte.
ZUGELASSENE PRODUKTE / PRODUKTKATEGORIEN	Bücher aus den folgenden Bereichen: Allgemeine Literatur Wissenschaftliche Bücher und Lehrbücher Sachbücher Taschenbücher Kunst- und Fotobücher Kinder- und Jugendbücher Schulbücher Bibliophile Ausgaben Bücher, die nicht im Handel sind Sonderfälle

BEWERTUNGSKRITERIEN	Buchbinderische Verarbeitung Papier Druckergebnis Satzqualität Typografische Gestaltung Grafische Gestaltung Gesamtbewertung der Jury unter Berücksichtigung von Auflagenhöhe und Ladenpreis
ANZAHL DER AUSZEICHNUNGEN	50 Prämierungen und 10 Anerkennungen, die Jury kann auch eine andere Verteilung bei der Anzahl der Prämierungen und Anerkennungen vornehmen 1998: 50 Prämierungen und 10 Anerkennungen bei 836 Einreichungen
	Aus den prämierten Büchern eines Jahres werden noch drei Bücher besonders hervorgehoben und mit dem „Preis der Stiftung Buchkunst" ausgezeichnet. Für diese Auszeichnung steht ein Preisgeld von DM 15.000,– zur Verfügung.
AUSZEICHNUNG / PREISGELD	Ehrenpreis; Auszeichnung durch Urkunde „Preis der Stiftung Buchkunst" 1. Preis DM 7.000,– 2. Preis DM 5.000,– 3. Preis DM 3.000,–
PREISVERLEIHUNG	Ja, während der Frankfurter Buchmesse
AUSSTELLUNG	Ja, während der Frankfurter Buchmesse
KATALOG	Ja
LOGO	Nein
WEITERE PR-MASSNAHMEN	Presse- und Öffentlichkeitsarbeit durch den Veranstalter; die Bücher werden auch auf zahlreichen Ausstellungen im In- und Ausland gezeigt.
TERMINE	Ausschreibung: Sommer/Herbst Anmeldeschluß: Ende Oktober (plus Nachmeldefrist) Preisverleihung: Oktober des Folgejahres
KOSTEN FÜR DIE TEILNAHME	Pro eingereichtem Titel eine Teilnahmegebühr von DM 45,– (zzgl. MwSt.)

INTERNATIONALE WETTBEWERBE **VISUELLE KOMM**
FÜR UNTERNEHMEN UND DESIGNER

4

INTERNATIONALE WETTBEWERBE   VISUELLE KOMMUNIKATION   FUR STUDENTEN
DEUTSCHE WETTBEWERBE   PRODUKT-/INDUSTRIEDESIGN   FUR UNTERNEHMEN UND DESIGNER

Bienále Brno / Internationale Biennale des Grafikdesigns   114/115
BIO Biennial of Industrial Design   66/67
British Design & Art Direction D&AD   68/69
Compasso d'Oro / The Golden Compass Award   70/71
Design Effectiveness Awards   72/73
European Design Annual   116/117
Good Design®   80/81
I.D. Annual Design Review   84/85
I.D. Interactive Media Design Review   118/119
IDEA Industrial Design Excellence Awards   86/87
International Design Competition Osaka   88/89
TDC Award for Typographic Excellence   120/121

NAME DES WETTBEWERBS	**Bienále Brno / Internationale Biennale des Grafikdesigns**
AUSLOBER	Brno Biennale Association
VERANSTALTER	Brno Biennale Association Moravská galerie Husova 18 CZ-66226 Brno Tel +420 (0) 5 42 21 14 64 Fax +420 (0) 5 42 21 57 58
GRÜNDUNGSJAHR	1964
TURNUS	Alle zwei Jahre (letzte Vergabe: 1998)
ZIEL	Ausstellung und Auszeichnung herausragender internationaler grafischer Arbeiten aus den Bereichen Plakat, Corporate Identity sowie Info- und Werbegrafik.
AUSRICHTUNG	International

TEILNAHMEBEDINGUNGEN	Teilnehmen können Künstler, Designer, Organisationen, Unternehmen, Verlage oder Agenturen mit Arbeiten aus den vorgegebenen Kategorien.
ZUGELASSENE PRODUKTE / PRODUKTKATEGORIEN	Plakat (1998: Schwerpunktthema: Messe- und Ausstellungsplakat) Corporate Identity Info- und Werbegrafik
BEWERTUNGSKRITERIEN	Nicht näher spezifiziert

4

ANZAHL DER AUSZEICHNUNGEN	Nicht limitiert
AUSZEICHNUNG / PREISGELD	Ehrenpreis; Auszeichnung durch Urkunde Großer Preis („Das goldene B") Gold-, Silber- und Bronzemedaillen in den einzelnen Kategorien ICOGRADA Excellence Award Preis des Internationalen Instituts für Informationsdesign (IIID) Sonderpreise
PREISVERLEIHUNG	Ja
AUSSTELLUNG	Ja
KATALOG	Ja
LOGO	Ja
WEITERE PR-MASSNAHMEN	Presse- und Öffentlichkeitsarbeit durch den Veranstalter
TERMINE	Ausschreibung: Herbst Anmeldeschluß: Januar des Folgejahres Preisverleihung: Juni
KOSTEN FÜR DIE TEILNAHME	Keine

INTERNATIONALE WETTBEWERBE · VISUELLE KOMMUNIKATION · FÜR STUDENTEN
DEUTSCHE WETTBEWERBE · PRODUKT- / INDUSTRIEDESIGN · FÜR UNTERNEHMEN UND DESIGNER

4

NAME DES WETTBEWERBS	**European Design Annual**
AUSLOBER	RotoVision Verlag für visuelle Medien zusammen mit Print (Grafikdesign-Zeitschrift in den USA)
VERANSTALTER	The European Design Annual Enquiries Office 4th Floor, Sheridan House 112-116a Western Road GB-Hove BN3 1DD Tel +44 (0) 1273 71 60 27 Fax +44 (0) 1273 72 72 69 e-mail sarahj@rotovision.com
GRÜNDUNGSJAHR	1996
TURNUS	Jährlich
ZIEL	Auszeichnung und Veröffentlichung exzellenter internationaler Arbeiten aus allen Bereichen des Grafik-Designs. Mit dieser Übersicht will das European Design Annual europäisches Grafikdesign fördern und potentiellen Auftraggebern eine Quelle für ausgezeichnete Gestalter sein.
AUSRICHTUNG	International
TEILNAHMEBEDINGUNGEN	Teilnahmeberechtigt sind Designer, Art Direktoren, Illustratoren, Fotografen sowie andere Experten aus dem Bereich der Visuellen Kommunikation. Eingereicht werden können Arbeiten aus den nachfolgenden Bereichen, sofern diese zwischen Juni des Vorjahres und Mai des laufenden Jahres entstanden bzw. publiziert sind.
ZUGELASSENE PRODUKTE / PRODUKTKATEGORIEN	Alle Kategorien des Grafik-Designs, wie Anzeigen, Promotions Geschäftsberichte, Firmendrucksachen Poster Zeitschriften, Zeitungen, Bücher CD-Umschläge, T-Shirts Logos, Symbole Briefbögen Speisekarten, Kalender Packungen Großplakate Beschilderungen
BEWERTUNGSKRITERIEN	Nicht näher spezifiziert

ANZAHL DER AUSZEICHNUNGEN	Nicht limitiert 1998: 527 Auszeichnungen bei 3500 Einreichungen
AUSZEICHNUNG / PREISGELD	Ehrenpreis; Auszeichnung durch Zertifikate
PREISVERLEIHUNG	Nein
KATALOG	Ja, die März/April-Ausgabe des Print Magazins als „European Regional Design Annual" (angekündigte Auflage 1999: 100.000 Exemplare)
LOGO	Ja
WEITERE PR-MASSNAHMEN	Für 1999 ist die Auflistung der Gewinner in der Website www.britishdesign.co.uk angekündigt
TERMINE	Ausschreibung:　Frühjahr Anmeldeschluß:　Ende Juli Publikation:　März des Folgejahres
KOSTEN FÜR DIE TEILNAHME	Je nach Art und Anzahl der Einreichungen wird eine Einsendegebühr zwischen DM 43,– und DM 464,– erhoben.

NAME DES WETTBEWERBS	**I. D. Interactive Media Design Review**
AUSLOBER	I. D. The International Design Magazine
VERANSTALTER	I. D. The International Design Magazine The Interactive Media Design Review Coordinator 440 Park Avenue South, 14th Floor USA-New York, NY 10016 Tel +1 212 4 47 14 00 Fax +1 212 4 47 52 31 e-mail interactive@id-mag.com URL www.id-mag.com
GRÜNDUNGSJAHR	1997
TURNUS	Jährlich
ZIEL	Jährliche Auswahl und Auszeichnung der besten internationalen Arbeiten im Bereich Interface- und Multimedia-Design
AUSRICHTUNG	International
TEILNAHMEBEDINGUNGEN	Teilnahmeberechtigt ist jedes Produkt oder Projekt, das im laufenden Kalenderjahr entstanden ist. Teilnehmen können Designer, Unternehmen und Studierende.
ZUGELASSENE PRODUKTE / PRODUKTKATEGORIEN	Web-Seiten, CD-ROMs, Computerspiele, Online-Services, aus den Bereichen: Verkauf/Marketing Ausbildung/Training Unterhaltung/Spiele Kunst/Experimentalkunst Publikationen Anwendungen Selbstdarstellungen Studentische Arbeiten
BEWERTUNGSKRITERIEN	Nicht näher spezifiziert

ANZAHL DER AUSZEICHNUNGEN	Nicht limitiert 1998: 41 Auszeichnungen bei 1000 Einreichungen
AUSZEICHNUNG	Ehrenpreis Die Jury ordnet die ausgezeichneten Arbeiten den Kategorien Gold, Silber und Bronze zu.
PREISVERLEIHUNG	Nein
KATALOG	Ja, Spezialausgabe der I.D. im Juni mit beiliegender CD-ROM
AUSSTELLUNG	Nein
LOGO	Nein
WEITERE PR-MASSNAHMEN	Presse- und Öffentlichkeitsarbeit durch den Veranstalter. Präsentation der ausgezeichneten Arbeiten im Internet
TERMINE	Ausschreibung: November Anmeldeschluß: Januar des Folgejahres (plus Nachmeldefrist) Veröffentlichung: Juni
KOSTEN FÜR DIE TEILNAHME	US-$ 100,– pro eingereichtem Produkt US-$ 50,– pro eingereichtem Produkt für Studierende

INTERNATIONALE WETTBEWERBE · VISUELLE KOMMUNIKATION · FÜR STUDENTEN
DEUTSCHE WETTBEWERBE · PRODUKT- / INDUSTRIEDESIGN · FÜR UNTERNEHMEN UND DESIGNER

4

NAME DES WETTBEWERBS	**TDC Award for Typographic Excellence**
AUSLOBER	Type Directors Club
VERANSTALTER	Type Directors Club 60 East 42 Street Suite 721 USA - New York, NY 10165-0799 Tel +1 212 9 83 60 42 Fax +1 212 9 83 60 43 e-mail director@tdc.org URL www.tdc.org
GRÜNDUNGSJAHR	1954
TURNUS	Jährlich
ZIEL	Bewertung und Auszeichnung exzellenter internationaler Arbeiten aus den Bereichen Typografie, Kalligrafie und anderer grafischer Arbeiten.
AUSRICHTUNG	International
TEILNAHMEBEDINGUNGEN	Alle eingereichten Arbeiten müssen im Jahr der Ausschreibung produziert und/oder publiziert worden sein. Teilnahmeberechtigt sind alle Personen, die entsprechende Arbeiten gestaltet oder herausgegeben haben.
ZUGELASSENE PRODUKTE / PRODUKTKATEGORIEN	Gedruckte Arbeiten aus den Bereichen: Anzeigen (Zeitschriften, Zeitungen, Beilagen) Jahresberichte (oder andere Finanzberichte) Bücher, Buchumschläge oder -titelgestaltung Broschüren (Unternehmensbroschüren, Selbstdarstellungen u. a.) Kalender Kataloge (kommerzielle, Schulen, Museen u. a.) Corporate Identity Direkt-Mail Redaktionsdrucksachen (Zeitschriften, Zeitungen, Newsletter) Ausstellungen, Displays, Verkaufsförderung Architekturgrafik Logos, Warenzeichen, Symbole, Bildzeichen Verschiedenes (Ankündigungen, Einladungen, Karten, Speisekarten u. a.) Verpackungen Poster Briefpapier T-Shirts, Bekleidung

	Elektronische Medien Studentische Arbeiten
BEWERTUNGSKRITERIEN	Nicht näher spezifiziert
ANZAHL DER AUSZEICHNUNGEN	Nicht limitiert 1999: 261 Auszeichnungen bei 3775 Einreichungen
AUSZEICHNUNG/PREISGELD	Ehrenpreis; Auszeichnung durch Zertifikat Unter den eingereichten studentischen Arbeiten werden 3 Arbeiten mit Preisen ausgezeichnet und erhalten ein Preisgeld von US-$ 500,–, US-$ 300,– und US-$ 200,–.
PREISVERLEIHUNG	Nein
AUSSTELLUNG	Ja, die TDC Show wandert um die ganze Welt
KATALOG	Ja, das „TDC Annual"
WEITERE PR-MASSNAHMEN	Presse- und Öffentlichkeitsarbeit durch den Veranstalter
TERMINE	Ausschreibung: Herbst Anmeldeschluß: Januar des Folgejahres Ausstellung: Frühjahr
KOSTEN FÜR DIE TEILNAHME	US-$ 20,– für die Einreichung einer Einzelarbeit US-$ 30,– für die Einreichung mehrerer zusammengehöriger Arbeiten US-$ 45,– für die Einreichungen von Serien oder Kampagnen

DEUTSCHE WETTBEWERBE

PRODUKT-/INDUSTRIEDESIGN

FÜR STUDI

5		
INTERNATIONALE WETTBEWERBE	VISUELLE KOMMUNIKATION	FUR STUDENTEN
EUTSCHE WETTBEWERBE	PRODUKT-/INDUSTRIEDESIGN	FUR UNTERNEHMEN UND DESIGNER

anteprima idea – design – product 124 / 125
Bayerischer Staatspreis für Nachwuchs-Designer 126 / 127
BRAUN Preis 128 / 129
Design-Förderpreis Schleswig-Holstein 130 / 131
Designer bewerten Design 24 / 25
Designpreis Neunkirchen 132 / 133
Deutscher Verpackungsdesign-Wettbewerb 40 / 41
Deutscher Verpackungswettbewerb 42 / 43
Lucky Strike Junior Designer Award 134 / 135
Nachlux Nachwuchswettbewerb für innovatives Lichtdesign 136 / 137
Richard Sapper's Rubbercup 138 / 139

NAME DES WETTBEWERBS	**anteprima idea – design – product**
AUSLOBER	Leipziger Messe GmbH
VERANSTALTER	Leipziger Messe GmbH ANTEPRIMA Postfach 10 07 20 D-04007 Leipzig Tel +49 (0) 341 6 78 82 70 Fax +49 (0) 341 6 78 82 72 e-mail anteprim@leipziger-messe.de URL www.cadeaux-leipzig.de
GRÜNDUNGSJAHR	1997
TURNUS	Jährlich
ZIEL	ANTEPRIMA wurde als Podium für junge Gestalter und als Forum des Gesprächs und der Anbahnung von Geschäftsbeziehungen zwischen Designern, Herstellern und Händlern konzipiert. Neben dem Wettbewerb finden verschiedene Veranstaltungen statt.
AUSRICHTUNG	International
TEILNAHMEBEDINGUNGEN	Teilnehmen können Studierende der Fachbereiche Design, Architektur und Innenarchitektur, sofern sie bereits das Grundstudium (5. Semester) abgeschlossen haben. Weiterhin Hochschulabsolventen der einschlägigen Gestaltungsstudiengänge, sofern ihr Studienabschluß nicht länger als 3 Jahre zurückliegt. Junge Handwerker können sich mit eigenen Entwürfen bewerben, sofern sie zum Zeitpunkt der Auslobung mindestens die Gesellenprüfung oder ihre Meisterprüfung abgelegt haben und nicht länger als 3 Jahre in ihrem Beruf tätig sind. Die einzureichenden Objekte dürfen noch nicht auf dem Markt sein.
ZUGELASSENE PRODUKTE / PRODUKTKATEGORIEN	Prototypen und Modelle von Gegenständen der Wohnausstattung Möbel Textilien Keramik Gebrauchsgegenstände Themenbezogenes Grafik- und Mediendesign Coporate Design Neue Medien
BEWERTUNGSKRITERIEN	Nicht näher spezifiziert

ANZAHL DER AUSZEICHNUNGEN	Nicht limitiert 1998: 42 Auszeichnungen bei 200 Einreichungen
AUSZEICHNUNG / PREISGELD	Ehrenpreis, Auszeichnung durch Ausstellungsmöglichkeit. Jedem ausgewählten Designer wird für die Messe „Cadeaux" eine Fläche kostenfrei zur Verfügung gestellt, auf der er seinen Entwurf während der 3 Messetage präsentieren kann. Dafür steht eine Gesamtfläche von 400 qm zur Verfügung. Darüber hinaus wird jeder Juror einen Beitrag gesondert auszeichnen und ihn würdigen.
PREISVERLEIHUNG	Nein
AUSSTELLUNG	Ja
KATALOG	Ja
LOGO	Ja
WEITERE PR-MASSNAHMEN	Presse- und Öffentlichkeitsarbeit durch den Veranstalter; während der Messe „Cadeaux" werden verschiedene Veranstaltungen über das aktuelle Designgeschehen angeboten.
TERMINE	Ausschreibung: Frühjahr Anmeldschluß: Anfang Juni Präsentation: Mitte September
KOSTEN FÜR DIE TEILNAHME	Keine

INTERNATIONALE WETTBEWERBE	VISUELLE KOMMUNIKATION	FÜR STUDENTEN
DEUTSCHE WETTBEWERBE	PRODUKT- / INDUSTRIEDESIGN	FÜR UNTERNEHMEN UND DESIGNER

5

NAME DES WETTBEWERBS	**Bayerischer Staatspreis für Nachwuchs-Designer**
AUSLOBER	Bayerische Staatsregierung
VERANSTALTER	Design Forum Nürnberg e.V. Stadtmauerturm Marientorgraben 8 D-90402 Nürnberg Tel +49 (0) 911 244 80 84 Fax +49 (0) 911 244 80 89 e-mail designforum.nbg@t-online.de URL www.lga.de/designfn/designfn.htm
GRÜNDUNGSJAHR	1984
TURNUS	Alle zwei Jahre (letzte Vergabe: 1998)
ZIEL	Der Bayerische Staatspreis verfolgt das Ziel, die Bedeutung von gutem Design und guter Handwerksform sowie einer qualifizierten Ausbildung für die Wettbewerbsfähigkeit der deutschen, insbesondere der mittelständischen Industrie herauszustellen. Der Preis soll auch die Wirtschaft auf besonders begabte Nachwuchskräfte aufmerksam machen und deren Start ins Berufsleben erleichtern.
AUSRICHTUNG	National

TEILNAHMEBEDINGUNGEN	Eingereicht werden können Arbeiten, die in den letzten zwei Jahren entstanden sind. In den Bereichen Industrie-Design und Textil-Design kann es sich um Diplomarbeiten oder erste selbständige Arbeiten im Rahmen der Berufsausübung handeln. Teilnahmeberechtigt sind Absolventinnen und Absolventen einer deutschen Designausbildungsstätte sowie Berufsanfängerinnen und Berufsanfänger mit einer abgeschlossenen Ausbildung in den Bereichen Industrie-Design und Textil-Design an Ausbildungsstätten für Gestaltung in der Bundesrepublik Deutschland und in gestaltenden Handwerksberufen in der Bundesrepublik Deutschland tätige Nachwuchskräfte bis zum Alter von 30 Jahren, in Ausnahmefällen 35 Jahren.
ZUGELASSENE PRODUKTE/ PRODUKTKATEGORIEN	Industrie-Design Textil-Design (nur Entwürfe für industriell fertigbare Möbel- Raumtextilien) Gestaltendes Handwerk
BEWERTUNGSKRITERIEN	Designidee und Innovationsgehalt Funktion Fertigungsmöglichkeit

	Ergonomie Produktästhetik Recherchearbeit Volkswirtschaftlicher Wert Umweltverträglichkeit Präsentation Handwerkliche Ausführung des vorgelegten Modells
ANZAHL DER AUSZEICHNUNGEN	3 Preise und eine nicht limitierte Anzahl von Anerkennungen 1998: 3 Preise, 7 Anerkennungen und 39 weitere Arbeiten für die Ausstellung bei 230 Einreichungen
AUSZEICHNUNG	Drei Preise; dotiert mit je 15.000,– DM
PREISVERLEIHUNG	Ja, durch den Bayerischen Minister für Wirtschaft, Verkehr und Technologie
AUSSTELLUNG	Ja
KATALOG	Ja
LOGO	Ja
WEITERE PR-MASSNAHMEN	Presse- und Öffentlichkeitsarbeit durch den Veranstalter
TERMINE	Ausschreibung: Herbst Anmeldeschluß: Januar des Folgejahres Preisverleihung: Mai
KOSTEN FÜR DIE TEILNAHME	Keine
BESONDERHEIT	Zweistufiges Auswahlverfahren: Vorauswahl anhand von Fotos und Produktbeschreibung, Endauswahl anhand der Produkte und Modelle.

INTERNATIONALE WETTBEWERBE VISUELLE KOMMUNIKATION FÜR STUDENTEN
DEUTSCHE WETTBEWERBE PRODUKT- / INDUSTRIEDESIGN FÜR UNTERNEHMEN UND DESIGNER

NAME DES WETTBEWERBS	**BRAUN Preis**
AUSLOBER	BRAUN AG
VERANSTALTER	BRAUN AG Postfach 1120 D-61466 Kronberg / Ts. Tel +49 (0) 6173 30 26 26 Fax +49 (0) 6173 30 27 27 e-mail info_braunprize@braun.de URL www.braun.de/
GRÜNDUNGSJAHR	1968
TURNUS	Alle drei Jahre (letzte Vergabe: Juni 1999)
ZIEL	Die Braun AG als Stifter des Braun Preises will mit dieser Ausschreibung alle Produktideen für technische Gebrauchsgüter fördern: Produkte, die dem Menschen in seinem Alltag in Beruf und Ausbildung, im Haushalt, in Freizeit und Sport dienen. Software-Produkte und Screendesign werden jedoch nicht berücksichtigt.
AUSRICHTUNG	International
TEILNAHMEBEDINGUNGEN	Studierende an einer Hochschule für Design oder Technik oder der Abschluß der Ausbildung liegt zum Zeitpunkt des Einsendeschlusses nicht länger als drei Jahre zurück. Teilnehmen können Studierende bzw. Designer aus aller Welt. Auf interdisziplinäre Teamarbeit von Designern und Ingenieuren wird besonderer Wert gelegt.
ZUGELASSENE PRODUKTE / PRODUKTKATEGORIEN	Alle „Produktideen" im weitesten Sinne
BEWERTUNGSKRITERIEN	Design – mit allen relevanten Aspekten, insbesondere der Ergonomie. Technik – ihre Plausibilität im Erfüllen der Produktfunktion. Gebrauchsqualität von Technik und Design für den Menschen als Verwender; er muß erkennbar Ausgangspunkt und Ziel der Produktidee sein. Weitere Bewertungsmerkmale: Gründliche Analyse der Voraussetzungen Überzeugende Funktionserfüllung Umweltverträglichkeit Realisierbarkeit im Hinblick auf Verfahren und Kosten Vermarktungschancen Mit einbezogen in die Bewertung wird

	das eingereichte Modell.
	Beschreibung der Aufgabe und das daraus entwickelte Lösungskonzept
	Verständlichkeit und Ausführungsqualität bei der Präsentation
ANZAHL DER AUSZEICHNUNGEN	Nicht limitiert
	1999: 4 Preise und 6 Anerkennungen bei mehr als 200 Einreichungen
AUSZEICHNUNG / PREISGELD	Preisgeld gesamt: DM 80.000,–, die Jury hat das Recht, über die Verteilung der Preissumme frei zu entscheiden
PREISVERLEIHUNG	Ja
AUSSTELLUNG	Ja, als Foto-Wanderausstellung an die 50 Braun-Standorte rund um die Welt
KATALOG	Nein
LOGO	Nein
WEITERE PR-MASSNAHMEN	Presse- und Öffentlichkeitsarbeit durch den Veranstalter
TERMINE	Ausschreibung: Sommer/Herbst
	Anmeldeschluß: Januar des Folgejahres
	Preisverleihung: Juni
KOSTEN FÜR DIE TEILNAHME	Keine
BESONDERHEIT	Zweistufiges Auswahlverfahren: Vorauswahl anhand von Fotos und Produktbeschreibung, Endauswahl anhand der Produkte und Modelle.

NAME DES WETTBEWERBS	**Design-Förderpreis Schleswig-Holstein**
AUSLOBER	Design-Initiative Nord e.V. Schirmherrschaft: Der Minister für Wirtschaft, Technologie und Verkehr des Landes Schleswig-Holstein
VERANSTALTER	Design-Initiative Nord e.V. c/o Industrie- und Handelskammer zu Kiel Lorentzendamm 24 D-24103 Kiel Tel +49 (0) 431 5 19 40 Fax +49 (0) 431 5 19 42 34 e-mail wanger@design-initiative.de URL www.design-initiative.de
GRÜNDUNGSJAHR	1994
TURNUS	Alle zwei Jahre (letzte Vergabe: 1999)
ZIEL	Mit dem Förderpreis soll Designerinnen/Designern und Designstudentinnen/-studenten aus Schleswig-Holstein die Möglichkeit gegeben werden, ihre kreativen Ideen einer breiten Öffentlichkeit zu präsentieren und an designinteressierte Unternehmen heranzutragen.
AUSRICHTUNG	Regional
TEILNAHMEBEDINGUNGEN	Teilnahmeberechtigt sind Studentinnen/Studenten, Absolventinnen und Absolventen von Designausbildungsstätten sowie Berufsanfängerinnen und Berufsanfänger (bis zum Alter von 35 Jahren), die ihren Wohnsitz in Schleswig-Holstein haben.
ZUGELASSENE PRODUKTE/ PRODUKTKATEGORIEN	Produkte oder Modelle, die zukünftig industriell oder handwerklich in Serie gefertigt werden können. Eingereicht werden können Produkte/Modelle, die nicht nur für die Serienfertigung bestimmt sind, sondern auch für die handwerkliche Produktion (Kleinserien) bestimmt sein können. Das Design muß die Produktqualität entscheidend prägen.
BEWERTUNGSKRITERIEN	Ist das Design innovativ? Erhöht das Design die Brauchbarkeit des Produktes? Verbessert das Design die Anmut des Produktes? Macht das Design das Produkt verständlich? Ist das Design unaufdringlich? Verbessert das Design die Langlebigkeit des Produktes?

	Ist das Design konsequent bis ins Detail? Hat die Designerin/der Designer auf die Auswahl resourcenschonender Materialien geachtet? Ist durch das Design eine umweltfreundliche Rückführung in den Wertstoffkreislauf zu erreichen?
ANZAHL DER AUSZEICHNUNGEN	Maximal drei Preisträgerinnen/Preisträger 1999: 1. bis 3. Preis und drei weitere Preise bei 28 Einreichungen
AUSZEICHNUNG/PREISGELD	Preisgeld gesamt: DM 14.000,–
PREISVERLEIHUNG	Ja
AUSSTELLUNG	Ja
KATALOG	Ja
LOGO	Ja
WEITERE PR-MASSNAHMEN	Presse- und Öffentlichkeitsarbeit durch den Veranstalter
TERMINE	Ausschreibung: Sommer Anmeldeschluß: Oktober Preisverleihung: Frühjahr des Folgejahres
KOSTEN FÜR DIE TEILNAHME	Für jedes eingereichte Produkt/Modell ist ein Kostenanteil für die Bearbeitung von DM 50,– zu zahlen.

INTERNATIONALE WETTBEWERBE · VISUELLE KOMMUNIKATION · FÜR STUDENTEN
DEUTSCHE WETTBEWERBE · PRODUKT- / INDUSTRIEDESIGN · FÜR UNTERNEHMEN UND DESIGNER

NAME DES WETTBEWERBS	**Designpreis Neunkirchen**
AUSLOBER	Volksbank Neunkirchen Kreisstadt Neunkirchen Neunkirchener Kulturgesellschaft
VERANSTALTER	Volksbank Neunkirchen Unterer Markt 9 D-66538 Neunkirchen Tel +49 (0) 6821 10 32 55
GRÜNDUNGSJAHR	1993
TURNUS	Alle zwei Jahre (letzte Vergabe: 1997)
ZIEL	Die Gestaltung unserer Umwelt ist eine Aufgabe von besonderer Bedeutung in unserer Industriegesellschaft. Der Designpreis Neunkirchen verfolgt das Ziel, kreative Nachwuchs-Designer aus dem Bereich der Produktgestaltung zu fördern und deren innovative Gestaltungsideen auszuzeichnen.
AUSRICHTUNG	National

TEILNAHMEBEDINGUNGEN	Teilnahmeberechtigt sind Studentinnen und Studenten des Fachbereichs Design (auch Innenarchitektur/Architektur) im Hauptstudium einer deutschen Fachhochschule, Kunsthochschule, Gesamthochschule oder Universität oder wer nach dem 1.1. des Vorjahres die Diplomprüfung in diesem Studiengang abgelegt hat. Eingereicht werden können Projekt- und Diplomarbeiten im Bereich des Produktdesigns zu einer spezifischen Aufgabenstellung.
ZUGELASSENE PRODUKTE / PRODUKTKATEGORIEN	Produktdesign
BEWERTUNGSKRITERIEN	Nicht näher spezifiziert

ANZAHL DER AUSZEICHNUNGEN	1. bis 3. Preis und eine nicht limitierte Anzahl von Anerkennungen 1997: 7 gleiche Preise, 7 Anerkennungen und 41 weitere Arbeiten für die Ausstellung bei 150 Einreichungen.
AUSZEICHNUNG / PREISGELD	Preisgeld gesamt: DM 18.000,– (1. Preis: 10.000 DM; 2. Preis: 5.000 DM; 3. Preis: 3.000 DM) Die Jury kann gegebenenfalls eine andere Aufteilung der Preise vornehmen.
PREISVERLEIHUNG	Ja
KATALOG	Ja
AUSSTELLUNG	Ja
LOGO	Ja
WEITERE PR-MASSNAHMEN	Presse- und Öffentlichkeitsarbeit durch den Veranstalter
TERMINE	Ausschreibung: Frühjahr Anmeldeschluß: Juli Preisverleihung: Oktober
KOSTEN FÜR DIE TEILNAHME	Keine
BESONDERHEIT	Zweistufiges Auswahlverfahren: Vorauswahl anhand von Fotos und Produktbeschreibung, Endauswahl anhand der Produkte und Modelle.

NAME DES WETTBEWERBS	**Lucky Strike Junior Designer Award**
AUSLOBER	Raymond Loewy Stiftung zur Förderung von zeitgemäßem Industriedesign
VERANSTALTER	Raymond Loewy Stiftung zur Förderung von zeitgemäßem Industriedesign Geschäftstelle Deutschland Eppendorfer Weg 111–113 D-20259 Hamburg Tel +49 (0) 40 40 33 30 Fax +49 (0) 40 4 91 59 93
GRÜNDUNGSJAHR	1992
TURNUS	Jährlich
ZIEL	Zum Andenken an den großen Gestalter Raymond Loewy wurde 1991 in Hamburg die Raymond Loewy Stiftung zur Förderung von zeitgemäßem Industriedesign ins Leben gerufen. Mit der Vergabe des „Lucky Strike Junior Designer Award" setzt die Stiftung im Sinne Loewys ein bedeutendes Zeichen in der Förderung junger Design-Talente.
AUSRICHTUNG	National
TEILNAHMEBEDINGUNGEN	Der Wettbewerb steht für alle Personen offen, die über ein Designer-Diplom verfügen, das vom Datum des Einsendeschlusses zurückgerechnet nicht älter als 12 Monate sein darf. Sie müssen an einer Hochschule, Fachhochschule oder Akademie mit dem Fachbereich Design/Gestaltung in der Bundesrepublik Deutschland studiert haben. Eingereicht werden können ausschließlich Diplomarbeiten. Vorschlagsberechtigt sind die Professorinnen und Professoren der Fachbereiche Design bzw. Gestaltung der Hochschulen, Fachhochschulen und Akademien.
ZUGELASSENE PRODUKTE / PRODUKTKATEGORIEN	Produkt-Design Grafik-Design Mode-Design Multimedia-Design Verpackungs-Design Design-Studien Design-Konzepte Design-Arbeiten im tertiären Sektor
BEWERTUNGSKRITERIEN	Gebrauchswert, Benutzerfreundlichkeit, Funktionalität Gestaltungsqualität

	Innovationsgehalt
	Zukunftspotential
	Gesellschaftlicher Nutzen, Legitimität, Umweltverträglichkeit
	Wirtschaftlich-industrielle Bedeutung
	Einsicht in die Komplexität von Design
ANZAHL DER AUSZEICHNUNGEN	1 Preis, wobei die Jury frei ist, den Preis zu teilen 1998: 2 Preisträger bei 350 Einreichungen
AUSZEICHNUNG / PREISGELD	DM 20.000,– und Auszeichnung durch Urkunde und Trophäe
PREISVERLEIHUNG	Ja
AUSSTELLUNG	Nein
KATALOG	Nein
LOGO	Ja
WEITERE PR-MASSNAHMEN	Presse- und Öffentlichkeitsarbeit durch den Veranstalter
TERMINE	Ausschreibung: Januar Anmeldeschluß: März Preisverleihung: Sommer
KOSTEN FÜR DIE TEILNAHME	Keine

INTERNATIONALE WETTBEWERBE	VISUELLE KOMMUNIKATION FÜR STUDENTEN
DEUTSCHE WETTBEWERBE	PRODUKT- / INDUSTRIEDESIGN FÜR UNTERNEHMEN UND DESIGNER

NAME DES WETTBEWERBS	**Nachlux Nachwuchswettbewerb für innovatives Lichtdesign**
AUSLOBER	Sabine Voggenreiter, Oliver Pesch, Stadt Köln: Amt für Stadtentwicklungsplanung
VERANSTALTER	Büro Sabine Voggenreiter Hahnenstr. 12 D-50667 Köln Tel +49 (0) 221 2 58 47 23 Fax +49 (0) 221 2 58 47 22
GRÜNDUNGSJAHR	1997
TURNUS	Jährlich
ZIEL	Hauptziel des Wettbewerbs ist die Förderung des Nachwuchses sowie die Anregung und Förderung der praktischen und theoretischen Auseinandersetzung mit der Gestaltung von Licht. Die Teilnehmer sind aufgefordert, das Thema Licht gründlich zu reflektieren und damit zu einer Qualifizierung des Designs von Licht und Leuchten beizutragen. Gefragt sind nachdenkliche, nachvollziehbare und potentiell umsetzbare Konzepte und Ideen zu einem neuen Umgang mit und einer Neugestaltung von Licht.
AUSRICHTUNG	National
TEILNAHMEBEDINGUNGEN	Der Wettbewerb steht allen Personen offen, die eingeschriebene Studenten/innen an einer deutschen Hochschule, Fachhochschule oder Akademie am Fachbereich Design, Architektur oder Innenarchitektur sind, oder Absolventen/innen einer deutschen Hochschule, Fachhochschule oder Akademie am Fachbereich Design, Architektur oder Innenarchitektur, deren Diplomprüfung nicht länger als 3 Jahre zurückliegt. Als Stichtag gilt der 31.12. des Ausschreibungsjahres.
ZUGELASSENE PRODUKTE / PRODUKTKATEGORIEN	Der Wettbewerb stellt in der Regel ein Thema aus dem Bereich Licht und Leuchten, zu dem Leuchtenentwürfe, aber auch Beleuchtungskonzepte eingereicht werden können. Thema für 1999: „Wohnraumbeleuchtung für das Kind".
BEWERTUNGSKRITERIEN	Funktionalität und Sinnlichkeit Signifikanz und Originalität Differenzierung statt Uniformität Gestaltungsqualität

	Zukunfts- und Innovationspotential Gesellschaftlicher Nutzen
ANZAHL DER AUSZEICHNUNGEN	Maximal 2 Preise an eine Designerin, einen Designer oder ein Team
AUSZEICHNUNG / PREISGELD	Preisgeld gesamt: DM 10.000,– und Auszeichnung durch Urkunde. Der Jury ist es freigestellt, die Preissumme auf ein oder zwei Preisträger/Preisträgerinnen aufzuteilen.
PREISVERLEIHUNG	Ja, anläßlich der PASSAGEN zur Internationalen Möbelmesse Köln
AUSSTELLUNG	Ja
KATALOG	Nein
LOGO	Ja
WEITERE PR-MASSNAHMEN	Presse- und Öffentlichkeitsarbeit durch den Veranstalter
TERMINE	Ausschreibung: Juni Anmeldeschluß: Anfang Dezember Preisverleihung: Januar
KOSTEN FÜR DIE TEILNAHME	Keine

NAME DES WETTBEWERBS	**Richard Sapper's Rubbercup**
AUSLOBER	Richard Sapper
VERANSTALTER	Staatliche Akademie der Bildenden Künste Stuttgart Abteilung Industrie Design Am Weißenhof 1 D-70191 Stuttgart Tel +49 (0) 711 2 57 52 24 Fax +49 (0) 711 2 57 52 22 URL www.abk-stuttgart.de
GRÜNDUNGSJAHR	1996
TURNUS	Jährlich
ZIEL	Entwicklung eines gummiangetriebenen Fahrzeugs, das eine möglichst weite Strecke zurücklegen soll. In einem Zusatzwettbewerb ist ein vorgegebener Parcours in kürzester Zeit mit dem Fahrzeug zurückzulegen.
AUSRICHTUNG	International

TEILNAHMEBEDINGUNGEN	Teilnehmen können alle Designstudenten, die an einer europäischen Hochschule oder Fachhochschule eingeschrieben sind.
ZUGELASSENE PRODUKTE/ PRODUKTKATEGORIEN	Gummiangetriebene Fahrzeuge, die mit einer Fernsteuerung gelenkt werden müssen und mit bis zu 25 Gramm Gummi betrieben werden.
BEWERTUNGSKRITERIEN	Nicht näher spezifiziert

ANZAHL DER AUSZEICHNUNGEN	1. bis 3. Preis
AUSZEICHNUNG / PREISGELD	Der Rubbercup ist ein Wanderpokal, der an den/die Sieger des Wettbewerbs für ein Jahr verliehen wird. Die Preisgelder werden aus Spenden finanziert. 1. Preis: DM 1.000,– 2. Preis: DM 500,– 3. Preis: DM 250,–
PREISVERLEIHUNG	Ja
AUSSTELLUNG	Nein
KATALOG	Nein
LOGO	Nein
WEITERE PR-MASSNAHMEN	Presse- und Öffentlichkeitsarbeit durch den Veranstalter; Präsentation der Preisträger im Internet
TERMINE	Ausschreibung: Frühjahr Anmeldeschluß: Juli Preisverleihung: Juli
KOSTEN FÜR DIE TEILNAHME	Keine

INTERNATI

PRODUKT-/INDUSTRIEDESIGN FÜR STUDENTEN

6

INTERNATIONALE WETTBEWERBE   VISUELLE KOMMUNIKATION   FUR STUDENTEN
UTSCHE WETTBEWERBE   PRODUKT-/INDUSTRIEDESIGN   FUR UNTERNEHMEN UND DESIGNER

British Design & Art Direction Student Awards 142/143
Design for Europe 74/75
Design Preis Schweiz / Willy Guhl-Preis 144/145
I.D. Annual Design Review 84/85
International Competition „Nagoya Design DO" 146/147
International Design Competition Osaka 88/89

NAME DES WETTBEWERBS	**British Design & Art Direction Student Awards**
AUSLOBER	The Designers and Art Directors Association of the United Kingdom
VERANSTALTER	British Design & Art Direction 9 Graphite Square Vauxhall Walk GB-London SE11 5EE Tel +44 (0) 171 5 82 64 87 Fax +44 (0) 171 5 82 77 84 URL www.dandad.org/edu_frame.htm
GRÜNDUNGSJAHR	1979
TURNUS	Jährlich
ZIEL	Auszeichnung der besten internationalen studentischen Arbeiten im Bereich der visuellen Kommunikation und dem Produktdesign. Mit dem Wettbewerb will der Veranstalter Agenturen und andere potentielle Auftraggeber auf das kreative Potential des Nachwuchses aufmerksam machen.
AUSRICHTUNG	International
TEILNAHMEBEDINGUNGEN	Teilnehmen können Studierende aus Großbritannien, Europa und weltweit von Universitäten, Fachhochschulen und Kunstschulen. Einreichen können Einzelpersonen oder Teams. Zu den nachfolgend genannten Kategorien wird eine konkrete Aufgabe gestellt, die in den Ausschreibungsunterlagen detailliert erläutert ist (1999 z. B. für „Product Design for Transportation" Brief: „The future of bus travel").
ZUGELASSENE PRODUKTE / PRODUKTKATEGORIEN	Fotografie Corporate Identity Markenausbau Marken-Identität Direktwerbung Kinowerbung Ausstellungsgestaltung Online Publishing Poster-Design Visuelle Kommunikation Grafik-Design Design für Drucksachen Interaktive Medien Produkt-Design für Kommunikation

	Presse / Werbung Illustration Typografie Entwurf / Konzept Radiowerbung Produkt-Design für Transport und Verkehr Verkaufsförderung
BEWERTUNGSKRITERIEN	Sind für die einzelnen Kategorien bzw. für die dort gestellte Aufgabe näher spezifiziert
ANZAHL DER AUSZEICHNUNGEN	1. und 2. Preise für jede Kategorie
AUSZEICHNUNG / PREISGELD	£ 350,– für jeden 1. Preis £ 250,– für jeden 2. Preis £ 500,– Sonderpreis für „Student of the Year" aus allen Einreichungen
	Weiterhin erhalten alle ausgezeichneten Designer Urkunden und den „Yellow Pencil", der speziell für die Students Awards kreiert wurde. Darüber hinaus wird den Preisträgern eine kostenlose Mitgliedschaft für ein Jahr im D&AD angeboten.
PREISVERLEIHUNG	Ja
AUSSTELLUNG	Ja
KATALOG	Ja
WEITERE PR-MASSNAHMEN	Presse- und Öffentlichkeitsarbeit durch den Veranstalter
TERMINE	Ausschreibung: Winter Anmeldeschluß: März des Folgejahres Preisverleihung: Juni
KOSTEN FÜR DIE TEILNAHME	£ 12,– pro eingereichter Arbeit £ 10,– pro eingereichter Arbeit für College Members des D&AD

NAME DES WETTBEWERBS	**Design Preis Schweiz / Willy Guhl-Preis**
AUSLOBER	Bundesamt für Kultur Wirtschaftsförderung der Kantone Bern und Solothurn zusammen mit dem Designers' Saturday
VERANSTALTER	Geschäftsstelle Design Preis Schweiz c/o Design Center Postfach 1626 CH-4901 Langenthal Tel +41 (0) 62 9 23 03 33 Fax +41 (0) 62 9 23 16 22 e-mail designpreis@designnet.ch URL www.designnet.ch
GRÜNDUNGSJAHR	1991
TURNUS	Alle 2 Jahre (letzte Vergabe: 1997)
ZIEL	Auszeichnung studentischer Diplomarbeiten aus den Bereichen Industrial Design, Textil-Design oder Kommunikations-Design
AUSRICHTUNG	International
TEILNAHMEBEDINGUNGEN	Die Designschulen im In- und Ausland sind eingeladen, ihre maximal drei besten studentischen Diplomarbeiten aus den zugelassenen Kategorien einzureichen. Die Arbeiten müssen aus dem für den Wettbewerb ausgeschriebenen Jahr oder dem Vorjahr stammen.
ZUGELASSENE PRODUKTE / PRODUKTKATEGORIEN	Industrial Design Textil-Design Kommunikationsdesign
BEWERTUNGSKRITERIEN	Gebrauchswert Gestaltungsqualität Originalität Man-Machine-Interface Umweltverträglichkeit Zeitgeist Wirtschaftlichkeit

ANZAHL DER AUSZEICHNUNGEN	1 Preis (Willy Guhl-Preis) und eine nichtlimitierte Anzahl von Anerkennungen 1997: 1 Preis und 9 Anerkennungen bei 101 Einreichungen
AUSZEICHNUNG / PREISGELD	Der Willy Guhl-Preis ist mit 20.000,– Franken dotiert.
PREISVERLEIHUNG	Ja
AUSSTELLUNG	Ja
KATALOG	Ja
LOGO	Ja
WEITERE PR-MASSNAHMEN	Presse- und Öffentlichkeitsarbeit durch den Veranstalter; Präsentation der ausgezeichneten Arbeiten im Internet
TERMINE	Ausschreibung: Herbst Anmeldeschluß: Ende April des Folgejahres Preisverleihung: November
KOSTEN FÜR DIE TEILNAHME	50,– Franken pro eingereichter Arbeit

NAME DES WETTBEWERBS	**International Competition „Nagoya Design DO"**
AUSLOBER	International Design Center Nagoya Inc.
VERANSTALTER	International Design Center Nagoya Inc. IdcN International Design Competition Steering Committee Design Center Bldg. 18-1, Sakae 3-Chome, Naka-Ku Nagoya, 460 Japan Tel +81 (0) 52 2 65 21 00 Fax +81 (0) 52 2 65 21 07 e-mail voice@idcnagoy.co.jp URL www.idcnagoy.co.jp/compe/index.html
GRÜNDUNGSJAHR	1997 (Vergabe: 1998)
TURNUS	Alle zwei Jahre
ZIEL	Der Wettbewerb wurde ins Leben gerufen, um über die „Design City Nagoya" zu informieren und um Designer der nächsten Generation zu fördern.
AUSRICHTUNG	International
TEILNAHMEBEDINGUNGEN	Teilnehmen können Designer unter 40 Jahren sowie Studierende (auch Teams) aus dem Bereich Design. Für den Wettbewerb wird ein Thema gestellt, das innerhalb der zugelassenen Produktkategorien realisiert werden soll (Thema 1998: „New Neighbors").
ZUGELASSENE PRODUKTE / PRODUKTKATEGORIEN	Industrie-Design, Kunsthandwerk u.a. Innenarchitektur, Architektur u.a. Grafik-Design, Verpackungs-Design u.a.
BEWERTUNGSKRITERIEN	Nicht näher spezifiziert

ANZAHL DER AUSZEICHNUNGEN	Grand Prix (1 x) Gold Prize (3 x) Silver Prize (5 x) Anerkennungen (15 x) 1998: Vergabe der o. g. Preise bei insgesamt 839 Einreichungen
AUSZEICHNUNG / PREISGELD	Grand Prix DM 30.000,– (1 x) Gold Prize DM 7.500,– (3 x) Silver Prize DM 3.000,– (5 x)
PREISVERLEIHUNG	Ja
AUSSTELLUNG	Ja
KATALOG	n.n.
LOGO	n.n.
WEITERE PR-MASSNAHMEN	Presse- und Öffentlichkeitsarbeit durch den Veranstalter; Präsentation der ausgezeichneten Arbeiten im Internet
TERMINE	Ausschreibung: Herbst Anmeldeschluß: Mai des Folgejahres Preisverleihung: November
KOSTEN FÜR DIE TEILNAHME	Keine Angaben

DEUTSCHE WETTBEWERBE VISUELLE KOMMUNIKATION STUDENTEN

7

INTERNATIONALE WETTBEWERBE   VISUELLE KOMMUNIKATION   FUR STUDENTEN
EUTSCHE WETTBEWERBE   PRODUKT-/INDUSTRIEDESIGN   FUR UNTERNEHMEN UND DESIGNER

100 Beste Plakate   94/95
ADC Nachwuchswettbewerb Junior und Juniortalent   150/151
anteprima idea – design – product   124/125
Designer bewerten Design   24/25
Deutscher Verpackungsdesign-Wettbewerb   40/41
Deutscher Verpackungswettbewerb   42/43
Lucky Strike Junior Designer Award   134/135
:output   152/153
Die Schönsten Deutschen Bücher / Förderpreis für junge Buchgestalter   154/155

INTERNATIONALE WETTBEWERBE VISUELLE KOMMUNIKATION FÜR STUDENTEN
DEUTSCHE WETTBEWERBE PRODUKT- / INDUSTRIEDESIGN FÜR UNTERNEHMEN UND DESIGNER

7

NAME DES WETTBEWERBS	**ADC Nachwuchswettbewerb Junior und Juniortalent**
AUSLOBER	ADC Art Directors Club für Deutschland e.V.
VERANSTALTER	ADC Art Directors Club für Deutschland e.V. Melemstraße 22 D-60322 Frankfurt am Main Tel +49 (0) 69 5 96 40 09 Fax +49 (0) 69 5 96 46 02 e-mail adc@adc.de URL www.adc.de
GRÜNDUNGSJAHR	1983
TURNUS	Jährlich
ZIEL	Förderung junger kreativer Talente. Besonderes Ziel ist, die Begabtesten eines Jahres an internationale Maßstäbe heranzuführen.
AUSRICHTUNG	National
TEILNAHMEBEDINGUNGEN	Für den Titel „ADC-Junior des Jahres" können sich Junior-Texter, Junior-Art-Direktoren, Junioren aus Film-, Funk- und Design-Studios sowie Junior-Fotografen und Junior-Redakteure bewerben. Für den Titel „ADC-Junior-Talent des Jahres" können sich Absolventen von Fach- und Hochschulen aus den Bereichen Grafik-Design und Visuelle Kommunikation sowie aus den Bereichen Foto, Film, Funk und Fernsehen mit ihren Diplomarbeiten bewerben. Die Arbeiten müssen zum Zeitpunkt der Ausschreibung im Verlauf der vergangenen 12 Monate entstanden sein.
ZUGELASSENE PRODUKTE / PRODUKTKATEGORIEN	Für den „ADC-Junior des Jahres": kommunikative Arbeiten aus den Bereichen Text, Grafik, Film, Funk, Foto oder Design. Für den „ADC-Junior-Talent des Jahres": Diplomarbeiten aus den Bereichen Grafik-Design, Visuelle Kommunikation, Foto, Film, Funk und Fernsehen
BEWERTUNGSKRITERIEN	Originalität Klarheit Überzeugungskraft Machart Freude

	Im Gegensatz zum ADC-Wettbewerb beurteilt die Jury beim Nachwuchswettbewerb auch Teilleistungen wie Text oder Gestaltung einer Arbeit.
ANZAHL DER AUSZEICHNUNGEN	Nicht limitiert 1998: Diplomarbeiten: 20 Auszeichnungen bei 125 Einreichungen Arbeiten aus der Praxis: 5 Auszeichnungen bei 101 Einreichungen
AUSZEICHNUNG/ PREISGELD	Ehrenpreis; Auszeichnung durch Urkunde Hauptgewinne: Praktika bei einem international bekannten Fotografen, in einer Redaktion oder einer international führenden Kreativ-Agentur
PREISVERLEIHUNG	Ja
AUSSTELLUNG	Ja
KATALOG	Ja
LOGO	Ja
WEITERE PR-MASSNAHMEN	Presse- und Öffentlichkeitsarbeit durch den Veranstalter; Präsentation der ausgezeichneten Arbeiten im Internet
TERMINE	Ausschreibung: Sommer Anmeldefrist: September Preisverleihung: März des Folgejahres
KOSTEN FÜR DIE TEILNAHME	Teilnahmegebühr in Höhe von DM 70,- unabhängig von der Anzahl der eingereichten Arbeiten

INTERNATIONALE WETTBEWERBE	VISUELLE KOMMUNIKATION · FÜR STUDENTEN
DEUTSCHE WETTBEWERBE	PRODUKT-/INDUSTRIEDESIGN · FÜR UNTERNEHMEN UND DESIGNER

7

NAME DES WETTBEWERBS	**:output**
AUSLOBER	Florian Pfeffer, Kommunikationsdesigner in Bremen Rat für Formgebung, Frankfurt am Main
VERANSTALTER	Rat für Formgebung/German Design Council Postfach 15 03 11 D-60063 Frankfurt am Main Tel +49 (0) 69 74 79 19 Fax +49 (0) 69 741 09 11 e-mail german-design-council@ipf.de URL www.euro-design-guide.de
GRÜNDUNGSJAHR	1997
TURNUS	Jährlich
ZIEL	Mit dem internationalen Magazin „output" wird das Ziel verfolgt, ausgewählte Arbeiten von Grafik-Design-Studierenden aus der ganzen Welt einer breiteren Öffentlichkeit bekannt zu machen.
AUSRICHTUNG	International
TEILNAHMEBEDINGUNGEN	Teilnehmen kann jeder, der als Studierender im Fach Grafik-Design oder Visuelle Kommunikation eingeschrieben ist. Eingereicht werden können alle Arbeiten, die nicht älter als ein Jahr und an der Hochschule entstanden sind.
ZUGELASSENE PRODUKTE/ PRODUKTKATEGORIEN	Arbeiten aus allen Bereichen des Grafik-Designs: Visuelle Kommunikation einschließlich Typografie Fotografie Illustration Schriftentwürfe Multimedia inklusive Moving Image und Fernsehgrafik
BEWERTUNGSKRITERIEN	Nicht näher spezifiziert

ANZAHL DER AUSZEICHNUNGEN	Nicht limitiert 1998: 74 Auszeichnungen bei 555 Einreichungen
AUSZEICHNUNG / PREISGELD	Ehrenpreis; Auszeichnung durch Veröffentlichung im Magazin „output"
PREISVERLEIHUNG	Nein
AUSSTELLUNG	Ja
KATALOG	Ja, das Magazin „output"
LOGO	Ja
WEITERE PR-MASSNAHMEN	Presse- und Öffentlichkeitsarbeit durch den Veranstalter
TERMINE	Ausschreibung: Frühjahr Anmeldeschluß: Sommer Veröffentlichung: im Frühjahr des Folgejahres
KOSTEN FÜR DIE TEILNAHME	Einsendegebühr: DM 20,– oder US-$ 12,– pro eingesandter Arbeit. Die maximale Einsendegebühr beträgt DM 60,– oder US-$ 36,– (drei Arbeiten). Alle weiteren eingesandten Arbeiten einer Person sind kostenlos.

INTERNATIONALE WETTBEWERBE · VISUELLE KOMMUNIKATION · FÜR STUDENTEN
DEUTSCHE WETTBEWERBE · PRODUKT- / INDUSTRIEDESIGN · FÜR UNTERNEHMEN UND DESIGNER

7

NAME DES WETTBEWERBS	**Die Schönsten Deutschen Bücher** **Förderpreis für junge Buchgestalter**
AUSLOBER	Stiftung Buchkunst
VERANSTALTER	Stiftung Buchkunst Adickesallee 1 D-60322 Frankfurt am Main Tel +49 (0) 69 15 25 18 00 Fax +49 (0) 69 15 25 18 05 e-mail BUCHKUNST@dbf.ddb.de
GRÜNDUNGSJAHR	1989
TURNUS	Jährlich
ZIEL	Im Rahmen des Wettbewerbs „Die schönsten deutschen Bücher" wird ein Förderpreis für junge Buchgestalter verliehen.
AUSRICHTUNG	National

TEILNAHMEBEDINGUNGEN	Teilnehmen können Buchgestalter, die nicht älter als 32 Jahre sind. Teilnahmeberechtigt sind alle zwischen dem 1. November des Vorjahres und dem 31. Oktober (bzw. 15. November) des laufenden Jahres erschienenen Bücher aus Verlagen, die ihren Hauptsitz in Deutschland haben. Die Bücher müssen in ihren Bestandteilen (z. B. Reproduktion, Einband, Papier) überwiegend auch dort entstanden sein. Bücher aus ausländischen Verlagen sind nur dann zugelassen, wenn die Produktion ausschließlich in Deutschland erfolgte.
ZUGELASSENE PRODUKTE / PRODUKTKATEGORIEN	Bücher aus den folgenden Bereichen: Allgemeine Literatur Wissenschaftliche Bücher und Lehrbücher Sachbücher Taschenbücher Kunst- und Fotobücher Kinder- und Jugendbücher Schulbücher Bibliophile Ausgaben Bücher, die nicht im Handel sind Sonderfälle
BEWERTUNGSKRITERIEN	Buchbinderische Verarbeitung Papier Druckergebnis Satzqualität

	Typografische Gestaltung
	Grafische Gestaltung
	Gesamtbewertung der Jury unter Berücksichtigung von Auflagenhöhe und Ladenpreis
ANZAHL DER AUSZEICHNUNGEN	3 gleiche Preise
AUSZEICHNUNG / PREISGELD	Preisgeld gesamt: DM 6.000,– (drei Preise zu je DM 2.000,–)
PREISVERLEIHUNG	Ja, während der Frankfurter Buchmesse
AUSSTELLUNG	Ja, während der Frankfurter Buchmesse
KATALOG	Ja
LOGO	Nein
WEITERE PR-MASSNAHMEN	Presse- und Öffentlichkeitsarbeit durch den Veranstalter; die Bücher werden auch auf zahlreichen Ausstellungen im In- und Ausland gezeigt.
TERMINE	Ausschreibung: Sommer/Herbst Anmeldeschluß: Ende Oktober (plus Nachmeldefrist) Preisverleihung: Oktober des Folgejahres
KOSTEN FÜR DIE TEILNAHME	DM 45,– (zzgl. MwSt.) pro eingereichtem Titel

INTERNATIONALE WETTBEW

VISUELLE K

FÜR STUDENTEN

8

INTERNATIONALE WETTBEWERBE   VISUELLE KOMMUNIKATION   FUR STUDENTEN
EUTSCHE WETTBEWERBE   PRODUKT-/INDUSTRIEDESIGN   FUR UNTERNEHMEN UND DESIGNER

British Design & Art Direction Student Awards 142/143
Design Preis Schweiz / Willy Guhl-Preis 144/145
I.D. Annual Design Review 84/85
I.D. Interactive Media Design Review 118/119
International Competition „Nagoya Design DO" 146/147
International Design Competition Osaka 88/89
TDC Award for Typographic Excellence 120/121

ANHANG

Entscheidungsgrundlagen zur Teilnahme an einem Design-Wettbewerb

Die Entscheidung, ob ein Unternehmen, ein Designer, ein Designbüro oder Studierende im Fach Design an einem Wettbewerb teilnehmen, ist von vielfältigen Faktoren abhängig und immer eine individuelle Entscheidung. Zuerst einmal geben die Ausschreibungsunterlagen die formalen Vorgaben, die für eine Teilnahme ausschlaggebend sind. Darüber hinaus sind aber auch Faktoren wie Kosten, Aufwand und Nutzen für eine Teilnahme entscheidend, die immer nur aus der individuellen Situation des Unternehmens, des Designbüros oder des Studierenden getroffen werden kann.

Das International Council of Societies of Industrial Design (ICSID) hat eine Broschüre veröffentlicht, in der Regularien zur Durchführung von internationalen Design-Wettbewerben aufgeführt sind. Aus diesen können aber auch Rückschlüsse gezogen werden, welche Kriterien erfüllt sein sollten, damit die Seriosität eines Wettbewerbs gewährleistet ist.

Auch der Verband der Industrie-Designer e. V. (VDID) hat vor einigen Jahren eine Checkliste zusammengestellt, die die Voraussetzungen aufführt, die zur Teilnahme an einem Design-Wettbewerb erfüllt sein sollten. Die wichtigsten Bedingungen aus den Vorgaben des ICSID und des VDID sind nachstehend kurz zusammengefaßt. Dabei muß berücksichtigt werden, daß Wettbewerbe für Serienprodukte anderen Voraussetzungen unterliegen als z. B. studentische Ideenwettbewerbe.

- ☐ Ist der Veranstalter bzw. Auslober genannt?
- ☐ Ist das Ziel des Wettbewerbs genannt?
- ☐ Was ist das Thema des Wettbewerbs?
- ☐ Sind die Teilnahmebedingungen eindeutig definiert?
- ☐ Bleibt die Anonymität der Teilnehmer gewahrt bzw. ist eine Chancengleichheit gewährleistet?
- ☐ Ist die Aufgabe klar beschrieben?
- ☐ Ist die Form der Einreichung klar definiert?
- ☐ Ist eine Jury namentlich genannt oder zumindest der Personenkreis aus dem sich die Jury zusammensetzen wird?
- ☐ Sind die Bewertungskriterien genannt?
- ☐ Ist die Frage der Urheberrechte geklärt?
- ☐ Sind weitere Nutzungsrechte im Rahmen des Wettbewerbs bzw. darüber hinaus geklärt?
- ☐ Ist die Frage der Versicherung der einzureichenden Produkte/Arbeiten genannt?
- ☐ Stehen die ausgelobten Preise in einem angemessenen Verhältnis zum Aufwand?
- ☐ Sind eventuelle Kosten, die bei der Teilnahme anfallen, genannt bzw. auch Kosten erwähnt, die bei einer Auszeichnung fällig werden?
- ☐ Sind weitere PR-Maßnahmen aufgeführt wie z. B. Ausstellung, Katalog, Internetauftritt, Logo für Werbemaßnahmen, Pressemappen etc.?

Detaillierte Informationen gibt die Broschüre des ICSID *Organising International Design Competitions & Award Schemes. Regulations and Guidelines.*
Zu beziehen über:

International Council of Societies of Industrial Design
ICSID Secretariat
Yrjönkatu 11
FIN-00120 Helsinki
Tel 00358 - 9 - 60 76 11
Fax 00358 - 9 - 60 78 75

Oder die *VDID Checklist Designwettbewerbe*
Zu beziehen über:

Deutsche Designer Verbände
Zettachring 6
D-70567 Stuttgart
Tel 0711 - 7 28 53 03
Fax 0711 - 7 28 56 36

Für Wettbewerbe im Bereich Visuelle Kommunikation haben die Berufsverbände AGD und BDG folgende Informationen herausgegeben.

Maaßen, Wolfgang: *Entwurfswettbewerbe. AGD SachInfo 7.3*
Zu beziehen über:

Allianz deutscher Designer AGD e. V.
Steinstraße 3
D-38100 Braunschweig
Tel 0531 - 1 67 57
Fax 0531 - 1 69 89

Bund Deutscher Grafik-Designer (Hrsg.): *Richtlinien für Entwurfswettbewerbe. Erläuterungen und Musterausschreibungen.*
Zu beziehen über:

Bund Deutscher Grafik-Designer BDG e. V.
Bundesgeschäftsstelle
Flurstraße 30
D-22549 Hamburg
Tel 040 - 83 29 30 43
Fax 040 - 83 29 30 42

INDEX

100 Beste Plakate (VK) 94/95
ADC Nachwuchswettbewerb Junior und Juniortalent (VK) 150/151
ADC Wettbewerb (VK) 96/97
anteprima idea – design – product (PD/VK) 124/125
Bayerischer Staatspreis für Nachwuchs-Designer (PD) 126/127
'Berliner T pe' Internationaler Druckschriftenwettbewerb (VK) 98/99
Bienále Brno (VK) 114/115
BIO Biennial of Industrial Design (PD/VK) 66/67
BRAUN Preis (PD) 128/129
British Design & Art Direction (PD/VK) 68/69
British Design & Art Direction Student Awards (PD/VK) 142/143
Bundespreis Produktdesign (PD) 12/13
Busse Longlife Design Award (PD) 14/15
Compasso d'Oro (PD/VK) 70/71
Corporate Design Preis (VK) 100/101
Design Effectiveness Awards (PD/VK) 72/73
Design for Europe (PD) 74/75
Design Innovationen (PD) 16/17
Design Plus Ambiente (PD) 18/19
Design Plus Paperworld (PD) 20/21
Design Plus Sanitär Heizung Klima (PD) 22/23
Design Preis Schweiz (PD/VK) 76/77
Design Preis Schweiz / Willy Guhl-Preis (PD/VK) 144/145
Design-Förderpreis Schleswig-Holstein (PD) 130/131
Design-Preis Schleswig-Holstein (PD) 38/39
Designer bewerten Design (PD/VK) 24/25
Designpreis Brandenburg (PD/VK) 26/27
Designpreis des Landes Nordrhein-Westfalen (PD) 28–33
→ Ehrenpreis für Produktdesign 28/29
→ Ehrenpreis für Corporate Design und Design-Management 30/31

→ Studienpreis für Designkonzepte 32/33
→ Juniorpreis für Produktdesign 32/33
Designpreis Mecklenburg-Vorpommern (PD/VK) 34/35
Designpreis Neunkirchen (PD) 132/133
Designpreis Rheinland-Pfalz Produktdesign (PD) 36/37
Designpreis Rheinland-Pfalz Kommunikationsdesign (VK) 102/103
Deutscher Preis für Kommunikationsdesign (VK) 104/105
Deutscher Verpackungsdesign-Wettbewerb (PD/VK) 40/41
Deutscher Verpackungswettbewerb (PD/VK) 42/43
European Design Annual (VK) 116/117
European Design Prize (PD) 78/79
Good Design® (PD/VK) 80/81
Good Design Award / G-Mark Selection (PD) 82/83
I.D. Annual Design Review (PD/VK) 84/85
I.D. Interactive Media Design Review (VK) 118/119
IDEA Industrial Design Excellence Awards (PD/VK) 86/87
iF Ecology Design Award (PD/VK) 44/45
iF Exhibition Design Award (PD) 46/47
iF Interaction Design Award (VK) 106/107
iF Product Design Award (PD) 48/49
International Competition „Nagoya Design DO" (PD/VK) 146/147
International Design Competition Osaka (PD/VK) 88/89
Internationaler Designpreis Baden-Württemberg (PD) 50/51
Landesprämierung Hamburg (PD) 52/53
Lucky Strike Junior Designer Award (PD/VK) 134/135
Marianne Brandt - Preis für Design des Landes Sachsen-Anhalt (PD/VK) 54/55
Medical Design Excellence Awards (PD) 90/91
Nachlux Nachwuchswettbewerb für innovatives Lichtdesign (PD) 136/137
:output (VK) 152/153
Prämierte Formulare / Formularwettbewerb (VK) 108/109
Produkte des Jahres (PD) 56/57
Richard Sapper's Rubbercup (PD) 138/139
Saarländischer Staatspreis Produktdesign (PD) 58/59
Sächsischer Staatspreis für Design (PD/VK) 60/61
Die Schönsten Deutschen Bücher (VK) 110/111
Die Schönsten Deutschen Bücher / Förderpreis für junge Buchgestalter (VK) 154/155
TDC Award for Typographic Excellence (VK) 120/121
Thüringer Preis für Produktdesign (PD) 62/63

PD=Produktdesign **VK**=Visuelle Kommunikation

Die Informationen zu den einzelnen Wettbewerben basieren in der Regel auf den jeweils aktuellen Ausschreibungsunterlagen beziehungsweise wurden bei den Veranstaltern so weit als möglich verifiziert. Erfahrungsgemäß ändern sich bei Wettbewerben immer wieder einmal die Teilnahmebedingungen oder andere Details der Ausschreibung.

Um eine Publikation wie diese als Informationsmittel gut nutzen zu können, bedarf es einer regelmäßigen Aktualisierung sowie einer Erweiterung, bei der die Mithilfe der jeweiligen Auslober und/oder Veranstalter gefragt ist.

Ausschreibungsunterlagen und aktuelle Informationen zu einzelnen Wettbewerben können an die Autorin geschickt werden:

Frau Helge Aszmoneit
c/o Rat für Formgebung
Postfach 15 03 11
D-60063 Frankfurt am Main